本书由四川省教育厅人文社会科学重点研究基地——四川民族山地经济发展研究中心项目（项目编号：SDJJ1712）、四川省智慧旅游研究基地重点项目（项目编号：ZHZR22-01）、成渝地区双城经济圈川南发展研究院规划项目（项目编号：CYQCNY20244）、地方文化与旅游发展研究中心项目（项目编号：2024WL05）、四川轻化工大学人才引进项目（项目编号：2021RC23）资助出版。

乡村旅游资源开发
与乡村振兴路径选择

——以四川省脱贫地区为例

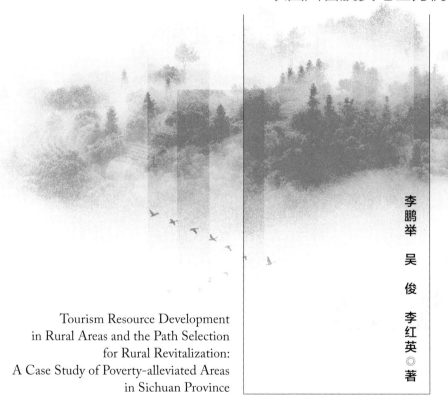

李鹏举　吴　俊　李红英◎著

Tourism Resource Development
in Rural Areas and the Path Selection
for Rural Revitalization:
A Case Study of Poverty-alleviated Areas
in Sichuan Province

中国社会科学出版社

图书在版编目（CIP）数据

乡村旅游资源开发与乡村振兴路径选择 ：以四川省脱贫地区为例 / 李鹏举等著. -- 北京 ：中国社会科学出版社，2025. 8. -- ISBN 978-7-5227-5422-2

Ⅰ．F592.771；F327.71

中国国家版本馆 CIP 数据核字第 20258XZ340 号

出 版 人	季为民	
责任编辑	刘晓红	
责任校对	周晓东	
责任印制	戴　宽	

出　　版	中国社会科学出版社
社　　址	北京鼓楼西大街甲 158 号
邮　　编	100720
网　　址	http://www.csspw.cn
发 行 部	010-84083685
门 市 部	010-84029450
经　　销	新华书店及其他书店

印刷装订	北京市十月印刷有限公司
版　　次	2025 年 8 月第 1 版
印　　次	2025 年 8 月第 1 次印刷

开　　本	710×1000　1/16
印　　张	13.5
字　　数	216 千字
定　　价	69.00 元

前　言

　　"三农"问题是关系到当前和今后相当一个时期中国国计民生的根本性、关键性问题，要实现全面建成社会主义现代化强国的宏伟目标，重点在农村，关键在农村。2020年，中国决战脱贫攻坚取得决定性胜利，乡村发生了深刻转变，从绝对贫困转为相对贫困，从申请"上级帮扶"转为村庄"自我发展"，从改善生产、生活环境转为民生保障的提质升级，进而实现党中央全面部署的乡村振兴。因此，实现巩固拓展脱贫攻坚成果同乡村振兴有效衔接，提升农村产业发展后劲，补齐乡村振兴战略的诸多短板，是过渡期"三农"问题研究的重点。乡村旅游具备综合性强、兼容性高的特征，与乡村振兴具有较好的耦合关系，可以改变农业生产结构，促进农村经济转型，加快农业产业化发展，实现第一产业与第三产业的结合。还可以扩大农村剩余劳动力就业，促进乡村现代化建设，实现城乡一体化发展。因此，发展乡村旅游成为推进乡村振兴战略的关键路径选择。当前乡村旅游项目存在简单照搬模仿、投资收益率低、不符合经济运行规律的问题。一些脱贫村的文旅项目开业即处于亏损状态，脱离了政府拨款甚至难以维持日常运营，自我造血功能薄弱。而且乡村旅游市场化程度不高，运营管理主观能动性不足。尤其是一些乡村暂时不具备发展文旅产业的基础而强行发展乡村旅游，导致集体资产和财政资金的极大浪费。这些都严重影响乡村振兴战略资源的利用率和乡村振兴的进程。

　　四川省作为农业大省，脱贫地区的乡村振兴工作尤为关键，关系到全省乃至全国的区域协调发展和全面建成小康社会的巩固提升。本书以四川省脱贫地区为研究对象，以习近平总书记关于实施乡村振兴战略重要指示精神为统揽，全面贯彻党的二十大和二十届二中、三中全会精神。按照"产业兴旺、生态宜居、乡风文明、治理有效、生活富裕"的总要求，主要从乡村旅游赋能乡村振兴的角度，研究脱贫地区乡村旅游资源普查、评价与规划开发，乡村振兴路径选择等内容。既为乡村旅游与乡村振兴的理论体系增添新的实证研究案例，又为构建更加完善的乡村旅游与乡村振兴理论体系提供实证依据和理论支撑。同时，本书首次提出利用"行政力"和"市场力"两大作用力，分析脱贫地区脱贫村的个体特征和发展基础，并重点从脱贫村的实际情况出发，因地制宜地提出四种不同类型的乡村振兴模式。明确不同类型村庄的旅游资源开发规划、农文旅融合方法和乡村振兴的实施路径，辅助脱贫地区各乡镇、村庄乡村振兴相关政策的制定和执行，引导相关乡镇开展详细的乡村旅游及乡村振兴规划，指导具体村庄进行旅游资源的开发和乡村振兴的实施。

本书共分八章。第一章介绍了研究的背景、意义、内容与思路方法，对国内外研究现状进行了述评。第二章概述了四川省脱贫地区及乡村旅游发展的基本情况，强调了脱贫地区发展乡村旅游的必要性。第三章介绍了乡村旅游资源的普查流程及方法，强调资源普查需要注意的事项。第四章分析了乡村旅游资源评价的多种评价方法。第五章介绍了乡村旅游资源规划及开发的技术标准和要求，以及乡村旅游资源开发路径。第六章依据市场力的大小和行政力的强弱，将乡村分为四种类型，提出乡村需根据自身禀赋差异、地理和经济区位、产业发展情况、上级部门支持力度等，因地制宜地探索符合本村实际的乡村振兴路径。第七章在四川省脱贫地区选取了具有代表性的四个脱贫村进行案例研究。

本书在撰写过程中，得到了北川县石椅村、蒲江县明月村、昭觉县悬崖村、富顺县马安村等村庄干部及群众的大力支持；得到了四川轻化工大学各级领导的大力支持。在这里，笔者向所有关心、鼓励、支持、帮助本书撰写与出版的同志表示衷心感谢！

2025 年 2 月 22 日于三江新区观斗山麓

摘　　要

随着中国脱贫攻坚取得决定性胜利，乡村发生了深刻转变，反贫困工作的重心由精准扶贫转向防范返贫风险、由脱贫攻坚转向乡村振兴。在这个历史机遇期，如何实现巩固拓展脱贫攻坚成果同乡村振兴有效衔接，培育农村新产业、新业态，提升农村产业发展后劲，解决农民老龄化、兼业化与农村空心化、衰败化等问题，补齐乡村振兴战略的诸多短板，是过渡期"三农"问题研究的重点。

本书以四川省脱贫地区为例，通过实地调研法、定量研究法、案例研究法等方法，探讨了乡村旅游资源的规划开发与实现乡村振兴的路径选择。首先，提出旅游与乡村具有天然的联系，乡村旅游在脱贫攻坚和乡村振兴等乡村重大战略中，均占据举足轻重的地位。并从乡村自身特点、旅游业的优势、政策的支持三个方面论证了乡村发展旅游业的必要性。其次，介绍和讨论了乡村旅游资源的分类、调查与评价标准和步骤、乡村旅游规划的编制程序，以及不同规划编制类型的技术要求。凝练出严选头雁，实现人才兴业；创新模式，发展集体经济；文化强旅，打造文化内核；龙头引流，培育招牌产品；集聚产业，复合各类业态；严守红线，灵活使用土地；营销革新，推进新旧转换；因村施策，科学规划发展八个方面的开发路径。再次，依据乡村市场力的大小和行政力的强弱，将乡村分为四种类型，分别是 BP 型（市场力大、行政力强型）、BW 型（市场力大、行政力弱型）、SP 型（市场力小、行政力强型）、SW 型（市场力小、行政力弱型）。最后，从四川省脱贫地区选取具有代表性的四个村（石椅村、明月村、悬崖村、马安村）进行案例研究，提出不同类型的乡村在发展乡村旅游和推进乡村振兴过程中应选择的路径也不相同。建议乡村应该根据自身旅游资源的禀赋差异、地理和经济区位、产业发展情况、上级部门支持力度等，因地制宜地探索符合本村实际的乡村振兴路径。

关键词：乡村旅游资源开发；乡村振兴；四川省脱贫地区

Abstract

With the decisive victory in China's battle against poverty, the country-side is undergoing profound changes, and the focus of anti-poverty work has shifted from targeted poverty alleviation to preventing the risk of returning to poverty, indicating that the focus has shifted from poverty alleviation to rural revitalization. In this period of historical opportunity, this is the research emphasis of issues relating to agriculture, rural areas and farmers in post-poverty era that how to solve the difficulties of combining poverty alleviation and rural revitalization, integrate poverty alleviation and rural revitalization effectively, cultivate new industries and forms of business in rural areas, enhance the aftereffect of agricultural industry development, solve the issues of aging of farmers, part-time farming and the hollowing and decay in rural areas, and recover the many shortcomings in the strategic layout of rural revitalization.

Taking the rural areas in Sichuan Province that have been lifted out of poverty as example, this book discusses the planning and development of rural tourism resources and the path selection of rural revitalization through field investigation, case study, literature and other methods. Firstly, it is pointed out that tourism has a natural connection with rural areas, and tourism industry plays an important role in major rural strategies such as Poverty Alleviation and Rural Revitalization. The necessity of developing tourism in rural areas is demonstrated from three aspects including the characteristics of rural areas, the advantages of tourism and the support of policies. Secondly, it introduces and discusses the classification of rural tourism resources, the standards and steps for surveying and evaluating rural tourism resources, as well as the procedures for formulating different types of rural tourism. The book further condensed eight development paths of tourism including severely choose the "leading wild goose" to achieve talent-driven development; innovate model and develop the collective economy; taking advantage of culture to promote the development of tourism industry, to forge a cultural core; build the leading brands and cultivate signature products; develop industrial clusters and composite commercial activities; strictly observe the "red line" and use land flexibly; marketing innovation to promote the transformation of old and new; tailor policies to the specific needs of each village and making scientific plans. Then, according to the size of rural market power (Big or Small) and administrative power (Powerful or Weak), the countryside is divided into four types including BP (large market power, strong administrative power), BW (large market power, weak administrative power), SP (small market power, strong administrative power), and SW (small market power, weak administrative power). Finally, four representative villages (Shiyi Village, Mingyue Village, Cliff Village and Ma'an Village) from poverty alleviation areas in Sichuan Province are selected for case study which pointed out that different types of villages should choose different paths in the process of developing rural tourism and promoting rural revitalization. Rural areas should formulate appropriate strategies based on their unique natural resources, geographic and economic position, industrial development status, and the level of support from higher authorities.

Key Words: Rural Tourism Resources Development; Rural Revitalization; Poverty Alleviation Areas in Sichuan Province

目　　录

第一章

绪　论

第一节　研究背景与意义

一　研究背景

（一）乡村振兴战略全面实施

农业农村农民问题是关系国计民生的根本性问题，解决好"三农"问题一直是中国共产党全党工作的重中之重。2017 年 10 月 18 日，习近平总书记在党的十九大报告中首次提出了乡村振兴战略，强调"要坚持农业农村优先发展，按照产业兴旺、生态宜居、乡风文明、治理有效、生活富裕的总要求，建立健全城乡融合发展体制机制和政策体系，加快推进农业农村现代化"。这是党中央立足中国国情农情，经过长期的实践探索和理论积累，着眼于实现"两个一百年"奋斗目标、顺应亿万农民对美好生活的向往作出的重大战略决策。12 月 28 日，在中央农村工作会议上，习近平总书记指出，实施乡村振兴战略是有基础和条件的、从解决中国社会主要矛盾出发的和有鲜明目标导向的，其由党的使命决定，可以为全球解决乡村问题贡献中国智慧和中国方案。并强调实施乡村振兴战略是中国特色社会主义进入新时代做好"三农"工作的总抓手。

2018 年初，《中共中央　国务院关于实施乡村振兴战略的意见》发布。意见提出了实施乡村振兴战略的总体要求，包括指导思想、目标任务和基本原则。其中，目标任务是到 2020 年，乡村振兴取得重要进展，制度框架和政策体系基本形成；到 2035 年，乡村振兴取得决定性进展，农业农村现代化基本实现；到 2050 年，乡村全面振兴，农业强、农村美、农民富全面实现。此外，还提出了坚持和完善党对"三农"工作的领导、推进乡村绿色发展、提升农业发展质量、繁荣兴盛农村文化、加强农村基层基础工作、提高农村民生保障水平、开拓投融资渠道等具体指导思想。9 月 21 日，习近平总书记在主持十九届中央政治局第八次集体学习时再一次强调了实施乡村振兴战略的重要性。并指出，"农业农村现代化是实施乡村振兴战略的总目标，坚持农业农村优先发展是总方针，产业兴旺、生态宜居、乡风文明、治理有效、生活富裕是总要求，建立健全城乡融合发展体制机制和政策体系是制度保障""乡村振兴是包括产业振兴、人才振兴、文化振兴、生态振兴、组织振兴的全面振兴"。紧接着，中共中央、国务院印发了《乡村振兴战略规划（2018—2022 年）》，对实施乡村振兴战略作出了阶段性谋划，进一步明确了乡村振兴战略的总体要求，如指导思想、基本原则、发展目标和远景谋划，细化了构建乡村振兴新格局、发展壮大乡村产业、加快农业现代化步伐、建设生态宜居美丽乡村、健全现代乡村治理体系、完善城乡融合发展政策体系等工作重点，确保了乡村振兴战略的落实落地，成为指导各地区各部门分类有序推进乡村振兴的重要依据。

2019 年 5 月，《中共中央　国务院关于建立健全城乡融合发展体制机制和政策体系的意见》公开发布，提出建立健全有利于城乡要素合理配置、城乡基本公共服务普惠共享、城乡基础设施一体化发展、乡村经济多元化发展和农民收入持续增长的体制机制。目的是解决城乡要素流动不顺畅、公共资源配置不合理等问题，根本消除影响城乡融合发展的体制机制障碍，促进乡村振兴和农业农村现代化。该意见为实施乡村振兴战略提供了制度保障。

2020 年 10 月，党的十九届五中全会对新发展阶段优先发展农业农村、全面推进乡村振兴作出总体部署。提出"走中国特色社会主义乡村振兴道路，全面实施乡村振兴战略，强化以工补农、以城带乡，推动形成工农互促、城乡互补、协调发展、共同繁荣的新型工农城乡关系，加快农业农村现代化"。将乡村振兴战略提升到新的高度。

2021 年 2 月，《中共中央　国务院关于全面推进乡村振兴加快农业农村现代化的意见》正式发布，提出"把全面推进乡村振兴作为实现中华民族伟大复兴的一项重大任务"。明确了 2021 年和 2025 年乡村振兴的目标任务，以及提升粮食和重要农产品供给保障能力、打好种业翻身仗、坚决守住 18 亿亩耕地红线、加快推进村庄规划工作、实施农村人居环境整治提升五年行动、强化五级书记抓乡村振兴的工作机制、健全乡村振兴考核落实机制等指导意见。4 月，第十三届全国人民代表大会常务委员会第二十八次会议通过了《中华人民共和国乡村振兴促进法》，该法律共十章七十四条，涵盖了产业发展、人才支撑、文化繁荣、生态保护、组织建设、城乡融合、扶持措施、监督检查等十个方面。规定了"各级人民政府应当将乡村振兴促进工作纳入国民经济和社会发展规划，并建立乡村振兴考核评价制度、工作年度报告制度和监督检查制度""每年农历秋分日为中国农民丰收节"等条款。标志着全面推进乡村振兴进入有法可依、依法实施的新发展阶段，为有效实施乡村振兴战略提供了法律保障。

2022 年以来，中共中央、国务院围绕全面推进乡村振兴工作陆续发布了《中共中央　国务院关于做好 2022 年全面推进乡村振兴重点工作的意见》《中共中央　国务院关于做好 2023 年全面推进乡村振兴重点工作的意见》《中共中央　国务院关于学习运用"千村示范、万村整治"工程经验有力有效推进乡村全面振兴的意见》等政策文件，作为每年指导乡村振兴工作的纲领性文件，明确了乡村振兴的年度重点任务和政策举措。

2025 年 1 月，中共中央、国务院印发了《乡村全面振兴规划（2024—2027 年）》，为未来一段时间的乡村全面振兴工作提供了清晰的战略指引，明确了到 2027 年和 2035 年的乡村全面振兴的主要目标，在加强农业基础设施建设、提高粮食和重要农产品供给保障水平，深化农村第一、第二、第三产业融合发展，全面促进农村消费，构建现代乡村产业体系，以及加快数字乡村建设、优化乡村规划建设、完善乡村人才培养体系、改善乡村生态环境等方面指出了工作方向，让各地在推进乡村全面振兴时有章可循、有规可依。

乡村振兴战略的提出，标志着中国共产党对工农城乡关系认识的深化，标志着中国农业农村发展进入了一个新的历史阶段。实施乡村振兴战略，是一项长期而艰巨的任务，也是解决新时代中国社会主要矛盾、实现"两个一百年"奋斗目标和中华民族伟大复兴中国梦的必然要求。在这一宏大战略背景下，各地积极探索适合本地的乡村振兴路径，力求挖掘乡村的多元价值，实现乡村经济社会的可持续发展。四川省作为农业大省，脱贫地区的乡村振兴工作尤为关键，关系到全省乃至全国的区域协调发展和全面建成小康社会的巩固提升。

（二）脱贫攻坚成果持续巩固拓展

2021 年，习近平总书记在新年贺词中指出："2020 年，全面建成小康社会取得伟大历史性成就，决战脱贫攻坚取得决定性胜利。"标志着中国现行标准下的农村贫困人口全部实现脱贫，中国如期打赢脱贫攻坚战，提前 10 年完成了《联合国 2030 年可持续发展议程》中设定的减贫目标。中国作为世界上最大的发展中国家，通过一系列经济、政治和制度因素的共同作用，在如此短的时间内使现行标准下的贫困人口全部脱贫，创造了世界减贫史上的"中国奇迹"，成为全球减贫事业的主要推动力量，为全球减贫事业贡献了"中国方案"和"中国智慧"。联合国秘书长古特雷斯也致函中国国家领导人，表示中国脱贫攻坚取得的成就为实现 2030 年可持续发展议程中描绘的更加美好和繁荣的世界作出了重要贡献。

广大脱贫地区的经济社会面貌发生了天翻地覆的变化，绝对贫困彻底消除，正式进入脱贫后的过渡期，反贫困形势发生了急剧转变（李小红和段雪辉，2020；夏支平，2020；余少祥，2020；张涛和王春蕊，2020；刘守英和颜嘉楠，2020）。第一个重要变化是长期困扰中国农村地区的原发性、区域性的"绝对贫困"（贫困人口缺乏维持基本生存所需的最低物质条件的情形）全部消失，农村贫困进入一个以相对贫困和次生贫困为主，脱贫人口返贫问题日渐突出的新阶段。潜在贫困群体和相对贫困群体将会成为扶贫工作新的目标群体，并呈现出新的贫困特征。脱贫地区从申请"上级帮扶"转为依靠"自我发展"，从改善生产、生活环境转为民生保障的提质升级，从集中性减贫治理战略转为常规性减贫治理战略。第二个重要变化是已脱贫人口奔向小康，要求提升生活水平、追求美好生活的愿望更加强烈。随着全面脱贫目标的实现，脱贫地区开始站在一个全新的发展起点。中国政府领导人和群众对未来提出了更高的要求，习近平总书记在党的十九大报告中指出，"我们既要全面建成小康社会、实现第一个百年奋斗目标,又要乘势而上开启全面建设社会主义现代化国家新征程,向第二个百年奋斗目标进军"("两个一百年"奋斗目标即到2020年实现国内生产总值和城乡居民人均收入比2010年翻一番,全面建成小康社会;到21世纪中叶建成富强民主文明和谐美丽的社会主义现代化强国,实现中华民族伟大复兴)。全面脱贫只是第一步,最终目标是要实现脱贫地区的全面振兴。因此,如何激发脱贫地区内生动力、巩固拓展脱贫攻坚成果、进一步提高脱贫人口的生活水平、确保脱贫人口奔向小康,成为过渡期脱贫地区需要解决的首要问题。

2020年10月,党的十九届五中全会审议通过的《中共中央关于制定国民经济和社会发展第十四个五年规划和二〇三五年远景目标的建议》首次明确提出"实现巩固拓展脱贫攻坚成果同乡村振兴有效衔接"。12月,《中共中央 国务院关于实现巩固拓展脱贫攻坚成果同乡村振兴有效衔接的意见》要求在巩固拓展脱贫攻坚成果的基础上,做好乡村振兴这篇大文章,接续推进脱贫地区发展。并提出设立5年过渡期,做好过渡期内领导体制、工作体系、发展规划、政策举措、考核机制等有效衔接,建立健全巩固拓展脱贫攻坚成果长效机制。紧接着,2021年中央一号文件也明确提出设立衔接过渡期,对摆脱贫困的县,从脱贫之日起设立5年过渡期,做到扶上马送一程。过渡期内保持现有主要帮扶政策总体稳定,并逐项分类优化调整。这些政策文件为脱贫地区巩固拓展脱贫攻坚成果提供了充足的时间和政策保障。脱贫地区进入全新的发展阶段,其工作重心从脱贫攻坚到乡村振兴的转移,将会推动政策转向、观念转变、工作体系转型和发展动力的转换,逐渐将脱贫地区工作的重点转移到全面实施乡村振兴战略上来(庄天慧等,2018;曹立,2020)。因此,如何攻克脱贫攻坚与乡村振兴的结合难点,培育农业新产业、新业态,提升乡村产业发展后劲,解决乡村老龄化、兼业化与农村空心化、衰败化等问题,补齐乡村振兴战略的诸多短板,为农业农村现代化和乡村全面振兴奠定坚实的基础,实现巩固拓展脱贫攻坚成果同乡村振兴有效衔接,成为脱贫地区未来一段时间内"三农"工作的重点。

从两者的价值内容来看,巩固拓展脱贫攻坚成果和乡村振兴具有共同的出发点，即都是为了实现中国"两个一百年"奋斗目标，巩固拓展脱贫攻坚成果主要致力于第一个百年奋斗目标，乡村振兴则着眼第二个百年奋斗目标。两者在"两个一百年"奋斗目标的节点处实现接力。而巩固拓展脱贫攻坚成果中采用的产业帮扶、文化帮扶、人才帮扶等模式，也是乡村振兴战略最关注的产业振兴、文化振兴、人才振兴等工作内容。两者在价值内容方面相互交织融合、上下贯通。

从两者的逻辑关系来看，巩固拓展脱贫攻坚成果是乡村全面振兴的前提。脱贫攻坚解决了乡村贫困人口的基本生存问题，实现了"两不愁三保障"，弥补了乡村振兴战略的最低短板。同时，巩固的脱贫攻坚成果为后续乡村振兴战略的实施提供了坚实的物质基础、精神基础和人才储备。在脱贫攻坚战中积累的乡村治理、产业发展、文化建设等方面的宝贵经验也可以为乡村振兴提供借鉴，有利于乡村的产业振兴、文化振兴、组织振兴等。乡村振兴也为长效脱贫提供了内生动力。乡村振兴战略是以政府为主导的更大规模的乡村扶持计划，政策上的倾斜有利于增强乡村产业的市场竞争力，助推乡村产业转型升级，提高乡村土地、资本、劳动力等要素的组合效率，强化乡村长效脱贫的内生动力，建立起可持续的脱贫长效机制。从而进一步巩固拓展脱贫攻坚成果，防范脱贫人口返贫，实现脱贫人口的长期稳定致富。因此，巩固拓展脱贫攻坚成果与乡村振兴是相互协调、相互促进、内在统一的关系。两者内容交织融合，出发点一致。在中国全面建成富强民主文明和谐美丽的社会主义现代化强国发展道路上，二者缺一不可。要实现两者的有效衔接，可以通过政府的统筹谋划，充分发挥市场作用，从乡村振兴主攻的五大方向入手，协调推进产业帮扶到产业振兴的有效衔接、文化帮扶到文化振兴的有效衔接、人才帮扶到人才振兴的有效衔接、生态帮扶到生态振兴的有效衔接、党建扶贫到组织振兴的有效衔接（杨世伟，2019；陈明，2020）。其中，最为重要的是产业方面的衔接，因而脱贫地区产业的培育和选择是能否实现乡村振兴的关键。

近几年，经过各方面的协同发力，脱贫地区的脱贫攻坚成果得到持续巩固拓展。截至 2024 年 11 月底，全国 832 个脱贫县均培育形成 2—3 个主导产业，总产值超过 1.7 万亿元，产业帮扶效果明显。大部分脱贫人口与新型农业经营主体建立了利益联结关系，没有发生规模性返贫致贫。全国累计帮扶 534 万名防止返贫致贫监测对象稳定消除风险。脱贫县 2024 年前三季度的农民人均可支配收入比上年同期实际增长 6.5%。2025 年是过渡期的最后一年，农业农村部提出将抓好"两提一促"，即优化监测帮扶提效率、强化产业就业帮扶提质量和深化重点区域帮扶促发展。将加快建设覆盖农村人口防止返贫致贫监测帮扶大数据信息系统，实现精准帮扶。指导各地推进帮扶产业高质量发展，完善联农带农机制，深入推进"万企兴万村"行动和防止返贫就业攻坚行动。可见，产业帮扶是国家巩固拓展脱贫攻坚成果的关键手段。

（三）乡村旅游重要作用日益凸显

旅游与乡村具有天然的联系。乡村是由主要从事农业经济活动的农业人口组成的聚落，通常具有原生态、空气清新、民风淳朴、风景宜人等特点，适合人们观光和旅行。而旅游是非定居者的旅行和暂时居留而引起的现象和关系（李天元，2002）。旅游的本质是一种文化活动，旅游者追求的是差异化的生活体验。随着经济的发展和城镇化的推进，城镇居民成为国内旅游的主体市场，在消费总量和旅游消费层次上都居于国内主体地位。由于城市环境的恶化和城市中心区域的拥挤加剧，越来越多的城镇居民选择到乡村度假或居住，乡村与旅游形成了密不可分的耦合关系，乡村旅游逐渐成为乡村经济发展的新引擎。

在精准扶贫时期，乡村旅游就扮演了重要角色。2014 年，国家旅游局将乡村旅游扶贫列为重点工作之一，挑选了 6130 个村作为重点扶持村，强力推进旅游扶贫试点工作。同年，国家发展改革委、国家旅游局、环境保护部、住房和城乡建设部、农业部、国家林业局、国务院扶贫办联合印发《关于实施乡村旅游富民工程推进旅游扶贫工作的通知》，决定实施乡村旅游富民工程，提出到 2015 年，扶持约 2000 个贫困村开展乡村旅游；到 2020 年，扶持约 6000 个贫困村开展乡村旅游。2015 年，国务院扶贫办将旅游扶贫列为中国十大精准扶贫工程之一。乡村旅游在扶贫工作中有效地引导了各种生产要素回流乡村，带动了乡村基础设施建设，改善了乡村发展环境，已经成为推进城乡统筹发展、产业融合发展和转变农村经济发展方式的重要抓手，为中国乡村经济增长作出突出贡献。其在促进农民增收、扩大农民就业方面的显著作用，使其成为新时代促进乡村地区农民脱贫致富、有效解决"三农"问题的重要途径。国内涌现出大量的依靠乡村旅游实现脱贫致富的典型案例。如湖南省湘西州花垣县十八洞村，曾经贫困落后，村民收入较低。通过开发乡村自然与人文旅游资源，以乡村"首倡脱贫"的历程为特色，打造成为国内乡村旅游的重要目的地，入选全国文旅赋能乡村振兴"十佳"案例。再如祁阳市三家村，充分利用花卉苗木基地、露天蔬菜基地、智能温室大棚等农业基础，通过"旅游+"的创新模式，将农业产业基地与乡村旅游有机融合，大力发展农事体验、蔬果采摘、研学旅游、休闲农业等旅游业态，乡村旅游发展成效显著，成为全省乃至全国领先的"智慧农业+旅游"示范基地，成功入选全国乡村旅游助力脱贫攻坚产业融合型案例。

自乡村振兴战略实施以来，乡村旅游因其产业联动大、带动涉及广、起步门槛低等特征，有力地促进了城乡之间资金、人才和物资的加速流动，快速提升了乡村综合效益，成为复杂乡村振兴系统的一个关键切入点。《中华人民共和国乡村振兴促进法》更是将乡村旅游相关工作写入了法律条文，如《中华人民共和国乡村振兴促进法》第十九条规定："各级人民政府应当发挥农村资源和生态优势，支持特色农业、休闲农业、现代农产品加工业、乡村手工业、绿色建材、红色旅游、乡村旅游、康养和乡村物流、电子商务等乡村产业的发展""支持特色农产品优势区、现代农业产业园、农业科技园、农村创业园、休闲农业和乡村旅游重点村镇等的建设"。近几年，依托乡村旅游推动乡村振兴的案例如雨后春笋纷纷涌现，四川省的脱贫地区也贡献了两个典型案例：一个典型案例是四川省绵阳市北川羌族自治县石椅村，该村干部群众依靠灾后重建的机遇，对全村房屋的布局和风貌进行了统一规划，修建了寨门、文化广场、游客接待中心等设施，为村里搞活乡村旅游奠定了基础。还请来非物质文化遗产"羌年"传承人，重现了迎宾、敬酒、篝火这三大富有羌族特色的仪式活动。村民纷纷开起了民宿、农家乐，吃上了旅游饭。2023 年，习近平总书记视频连线看望慰问石椅村干部群众时称赞道"新时代的乡村振兴，要把特色农产品和乡村旅游搞好，你们是一个很好的样子"。该村荣获中国乡村旅游模范村、全国一村一品示范村、美丽中国十佳旅游村、中国少数民族特色村寨等多项国家级荣誉。另一个典型案例是四川省成都市蒲江县明月村，该村深入探索农文旅融合的发展模式，依托明月窑、茶叶基地和雷竹园区，争取建设用地指标，实施了明月国际陶艺村项目建设。并成立乡村旅游合作社，推出了制陶、草木染、农事体验等项目，吸引村民返乡创业就业，成功打造西部文创中心田园样板。被评为中国乡村旅游创客示范基地、四川省乡村旅游创客示范基地、四川省文化产业示范园区。

乡村旅游作为一种将乡村资源与旅游活动相结合的产业形态，在精准扶贫、脱贫攻坚和乡村振兴过程中都发挥了独特而重要的作用。尤其是在推进乡村全面振兴过程中，乡村旅游的作用进一步凸显。发展乡村旅游不仅能够持续促进产业兴旺，优化乡村产业结构，带动乡村第一、第二、第三产业融合发展，还有利于改善农村人居环境，传承发展乡村文化，促进乡村文明进步，建设美丽乡村；更有利于拓宽农民增收渠道，增加农民收入，实现乡村富裕繁荣，是推动乡村全面振兴的重要引擎。

二 研究意义

（一）为四川脱贫地区提供发展路径

四川省是一个多民族聚居、多山的省份，由于自然条件和历史风俗等原因，四川省的脱贫地区曾具有贫困范围广、贫困程度深、少数民族贫困人口占比较大等特征，是全国扶贫任务最重的省份之一。省域四周分布有秦巴山区、乌蒙山区、大小凉山彝区、高原藏区四大片区，属于国家划定的 14 个集中连片特困地区中的四个。近年来，四川省取得了脱贫攻坚战的全面胜利。然而，脱贫摘帽不是终点，如何激发这些脱贫地区的内生发展动力，解决经济发展滞后、产业结构单一等困境，巩固拓展脱贫攻坚成果，接续推进乡村振兴，是四川省脱贫地区当前和今后一个时期的重要任务。

四川省脱贫地区拥有丰富的乡村旅游资源。乡村自然资源方面，拥有壮丽的山川、秀美的田园、独特的地质地貌等，如川西高原的雪山草甸、川南地区的喀斯特地貌等。乡村人文资源方面，拥有多民族融合的民俗风情、悠久的历史文化、古老的传统村落等，如彝族的火把节、羌族的碉楼建筑等。此外，脱贫地区的特色农业也颇具规模，如特色水果、茶叶、中药材种植等，为乡村旅游发展奠定了坚实基础。

乡村旅游资源的开发为四川省脱贫地区提供了重要发展路径，通过科学规划和合理开发，能够直接带动当地居民的收入增长，增加就业机会；可以推动农业、手工业等相关产业的协同发展，促进乡村产业多元化，构建现代乡村产业体系；还能够吸引外部投资，完善基础设施，提升乡村整体经济水平，进而实现乡村传统文化传承和生态环境保护。从产业、人才、文化、生态等多方面促进乡村经济、社会和环境的协调发展，助力乡村振兴。

（二）丰富乡村旅游与乡村振兴理论体系

通过对四川省脱贫地区这一特定区域的深入研究，进一步揭示乡村旅游资源开发与实施乡村振兴战略之间的相互作用机制，为乡村旅游与乡村振兴的理论体系增添新的实证研究案例。为构建更加完善的乡村旅游与乡村振兴理论体系提供实证依据和理论支撑。同时，研究过程中构建的乡村旅游资源评价指标体系、乡村旅游开发模式以及乡村振兴的选择路径等，有助于完善乡村旅游与乡村振兴的理论研究方法和分析工具，为后续相关研究提供有益的参考和借鉴。此外，本书研究涉及旅游学、农学、经济学、社会学等多学科领域，促进了不同学科理论在乡村发展研究中的交叉与融合，为各学科之间相互借鉴、协同创新提供契机，推动跨学科理论研究，为解决复杂的乡村问题提供更全面、系统的理论指导。

最重要的是，本书研究提出决定乡村旅游发展及乡村振兴进程的两大主要驱动力："行政力"和"市场力"。提出一套能够指导国内乡村进行乡村旅游开发和推进乡村振兴的理论模型，即以市场力为横坐标、行政力为纵坐标，构建起的基于两种驱动力的"乡村旅游发展驱动力模型"。该模型采用量化的方法，通过制定两种驱动力的二级指标的赋分标准，可以有效区分各个村庄发展乡村旅游的条件和动力。

（三）为其他地区乡村发展提供借鉴

乡村旅游的发展并不是一帆风顺，面临着诸多现实问题。一是大量的村庄暂时不具备发展旅游产业的基础而强行发展乡村旅游，导致集体资产和财政资金的极大浪费。二是乡村旅游项目存在简单照搬模仿、投资收益率低、不符合市场经济运行规律的严重问题。一些村庄的文旅项目开业即处于亏损状态，脱离了政府拨款甚至难以维持日常运营，自我造血功能薄弱，严重影响乡村振兴战略资源的利用率和乡村振兴的进程。这是由于各乡村的自然禀赋和人文历史条件相差悬殊，市场环境和获帮扶力度也不尽相同，使得某一个村的乡村旅游成功案例不具有普适性，不能成为全国乡村简单模仿的对象。广大乡村急需一个能够指导其进行旅游开发并推进乡村振兴的实用指南。

四川省脱贫地区在资源禀赋、地理区位、经济社会发展等方面具有一定代表性，其乡村旅游资源开发与乡村振兴的实践经验和模式，对于全国其他类似地区具有重要的借鉴意义。本书依据市场力的大小和行政力的强弱，将脱贫地区村庄分为四种类型，重点从脱贫地区村庄的实际情况出发，逐一分析四类村庄的个体特征和发展基础，计算出不同类型村庄乡村旅游发展的市场驱动力、行政驱动力数值，再因地制宜地提出不同类型村庄乡村旅游赋能乡村振兴的实践路径。

这种乡村旅游发展的全面评估和选择路径研究为政府部门制定乡村振兴政策和乡村旅游规划提供了科学依据和实践参考。能够帮助政府部门更好地把握乡村旅游发展规律，明确乡村旅游发展的重点方向和关键领域，制定出更具针对性、可操作性的政策措施，引导乡村旅游资源合理开发，指导乡村旅游整体从粗放复制步入优质提升阶段，并向品质化、特色化、集聚化、融合化方向发展，进而推动乡村振兴战略的有效实施。这是本书的应用价值。

第二节 国内外研究现状及述评

一 乡村旅游的传统研究

（一）国外研究进展

乡村旅游是国外旅游学界的研究热点之一。国外的乡村旅游发展较早，在 19 世纪的部分欧洲国家，城市居民为了逃避城市的环境污染以及快节奏的生活方式，来到乡村地区休闲旅行，促进了早期乡村旅游地的诞生。到了 20 世纪 80 年代，作为现代旅游体系中的一项新事物，乡村旅游以极快的速度在各国发展起来。尤其是在一些欧美国家，乡村旅游已在当地颇具规模，显示出较强的生命力和发展潜力。关于乡村旅游的研究也开始兴起，从旅游类权威期刊 *Tourism Management* 和 *Annals of*

Tourism Research 收录的乡村旅游研究论文数量来看，1991—1999 年是乡村旅游研究的起步阶段，研究方法以定性方法为主。2000—2010 年是乡村旅游研究的发展阶段，与乡村旅游相关的论文数量激增。2010年以后，乡村旅游研究进入成熟阶段。研究方向从定性方法和定量方法并重演变到定量方法日趋精确复杂，研究对象和切入点也均不断细化和深入。这些前人的研究主要集中在乡村旅游的概念和特征，乡村旅游发展与资源开发，乡村旅游功能及其拓展三个方面。

1. 乡村旅游的概念和特征

20 世纪 90 年代初，世界经济合作与发展组织（以下简称 OECD）将乡村旅游定义为"发生在乡村的旅游活动"。Lane（1994）在"What is rural tourism"一文中对乡村旅游的概念作了更详细的阐述，他认为乡村旅游是一种复杂的、多方面的旅游活动，不能简单理解为在乡村开展的旅游活动，各个国家或地区对其概念的理解均不同，但是"乡村性"是乡村旅游的核心特征和独特卖点。并认为乡村旅游具有五个方面的特点：一是位于乡村地区；二是具有乡村特色；三是规模上符合乡村范畴，即无论建筑还是聚落，规模通常是较小的；四是具有"传统"特征，即与当地家庭紧密相连，在很大程度上由当地控制，并为该地区的长期利益而发展；五是种类繁多，代表着乡村复杂的环境、经济、历史和地理位置。

进入 21 世纪，更多的组织或学者对乡村旅游的概念及特征进行了深入研究（Perales，2002；Sharpley 和 Roberts，2004；Gartner，2004；Pakurár 和 Oláh，2008；Wang 等，2013；Nair，2015；Rosalina，2021；Ruiz-Real 等，2022）。其中，比较有代表性的提法出自以下几个研究。Pakurár 和 Oláh（2008）认为乡村旅游与农业旅游和乡村观光旅游的概念相似，是一种专为推介乡村地区而打造的旅游产品，旨在利用其他旅游资源并提供多样化的服务。也是一种能够与文化旅游和休闲旅游（如骑马和徒步）等元素相结合的旅游类型。Nair 等（2015）采用内容分析法，从选定的发达经济体和发展中经济体中提取并分析了各种乡村旅游定义，总结了乡村旅游的五个显著特征：一是发生在农村地区且具有乡村特色的旅游活动；二是游客游览的目的在于学习、积极参与、体验或享受；三是各种乡村景点和活动所具有的独特文化、自然和历史属性；四是游客、农村社区、企业和政府机构四个主要利益相关方的合作与参与；五是在社会经济发展以及环境保护方面对可持续性的需求。并将乡村旅游的概念定义为：乡村旅游本质上是乡村性的，它为游客提供了直接参与、体验、享受和学习当地社区所提供的独特文化、自然和历史属性的机会，这一过程需要政府和企业的合作来实现，且不以破坏环境为代价来获取经济利益。Rosalina 等（2021）对近 30 年发表的、关于乡村旅游定义和挑战的论文进行了综述分析，认为发展中国家和发达国家对乡村旅游定义的理解不同。"可持续发展"和"基于社区的特性"在发展中国家的相关文献中更为突出，"体验维度"在发达国家的相关文献中出现得更为频繁。而"地点"无论在发展中国家和发达国家的相关文献中，均被视为乡村旅游主要的定义特征。并进而指出乡村旅游概念的四个关键特征，一是地点，对于乡村旅游概念至关重要；二是可持续发展，这是乡村旅游的核心价值；三是当地社区，在管理乡村旅游中起主导作用；四是乡村旅游应该提供农村体验。

2. 乡村旅游发展与资源开发

乡村旅游发展与资源开发是乡村旅游研究的重要议题。在 20 世纪末期，Slee 等（1997）探讨了不同的乡村旅游开发模式对苏格兰高地两个区域经济的影响。一种是"硬"开发模式，即通过在乡村地区修建一些大型的旅游综合设施，形成旅游住宿和活动的专属区域。比如，中心公园、度假村等项目，这种开发模式在很多地区越来越成熟，但这些项目对当地的支持度较低。另一种是"软"开发模式，即依靠传统的乡村旅游供应商，主要通过新的营销形式，对旅游产品进行升级和重新定义。其研究结果表明，"软"开发模式能够更深入地融入当地经济，每单位游客消费所产生的当地收入和就业乘数更高。但是，"硬"开发模式游客的消费人均额更高，这需要相关机构在游客消费总额与对当地有益的影响之间进行权衡。

进入 21 世纪，乡村旅游发展、乡村旅游资源开发依旧是旅游学界研究的热点。Wilson 等（2001）研究了乡村旅游开发的成功因素，认为以下 10 种因素对乡村旅游开发能否成功至关重要，分别是：完整的旅游配套；好的社区领导力；当地政府的支持与参与；充足的旅游发展资金；战略性的规划；商人与地方领导之间的协调与合作；乡村旅游创业者间的协调与合作；旅游业发展与推广的信息和技术援助；良好的会议和游客服务中心；广泛的社区支持。并且认为应该尤其重视社区和乡村旅游创业者的参与。Cawley 和 Gillmor（2008）参考"整合乡村旅游"（以下简称 IRT）的理论，考虑了文化、社会、环境、经济等各种资源及其利用情况，并参考相关利益方的作用，构建了一个整合乡村旅游的模型，旨在探索发展乡村旅游的有效方法。Dissart 和 Marcouiller（2012）从供给的角度对乡村旅游产品开发进行了研究，概述了乡村旅游产品的关键组成部分，并将旅游开发与游客体验相联系，尝试将旅游产品的体验属性纳入考虑，构建了乡村旅游体验的概念基础。Lane 和 Kastenholz（2015）聚焦因竞争加剧、缺乏治理和领导、社会变革和技术发展而产生的乡村旅游发展问题，提出应该基于科学的目的地开发与管理、更深入的市场理解以及现代的营销手段打造升级版的乡村旅游。

大多数学者通过研究认为：乡村旅游发展没有一个绝对正确的策略，发展策略能否成功要看是否适合当地的具体情况。也就是说，不同的地区和背景条件应采取不同的乡村旅游发展策略（Gartner，2004；Aref and Gill，2009；Dimitrovski et al.，2012；Kumar and Valeri，2022）。如 Aref 和 Gill（2009）以伊朗的乡村为例，阐述了伊朗乡村旅游所面临的障碍，并采用定性方法研究农村合作社如何促进乡村旅游发展，并认为农村合作社是伊朗乡村旅游业成功的关键因素之一。而 Kumar 和 Valeri（2022）通过文献综述和专家咨询选择了影响印度乡村旅游发展的 14 个因素，并采用解释结构建模技术探讨了这些因素之间的相互联系。认为引导印度乡村旅游发展的主要因素是基础设施建设、日益增长的环保意识、当地政府和社区的支持、政府提供的资金以及私营部门的参与。而当地居民的适应态度、游客的旅游动机、目的地的营销策略、目的地的特点以及他人的推荐等是已确定的依赖因素。并认为印度作为发展中国家，乡村旅游应该制定灵活发展的策略。

3. 乡村旅游功能及其拓展

乡村旅游的发展从一开始就与振兴乡村经济密不可分。前人普遍认为乡村旅游的主要功能是为乡村经济带来益处，如增加乡村的经济收入，提高当地生活水平；创造新的工作机会，扩大乡村就业率；稳定乡村经济，并促进乡村经济向多元化方向发展；促进当地基础设施建设，增加当地税收等（Frederick，1993；Slee et al.，1997；Gartner，2004；Giannakis，2014；Wijijayanti et al.，2020）。如 Frederick（1993）通过对几本旅游相关书籍的综述探讨了乡村旅游与经济发展关系问题。认为发展乡村旅游既有好处也有坏处，好处是可以提供大量的低技能工作，与乡村居民的就业适配性高；还可以发挥本地优势，促进乡村发展；并与各地政府的政策理念相契合。坏处是乡村旅游提供的就业质量较低，还会破坏当地的自然环境，以及腐蚀当地的传统文化。Giannakis（2014）对欧盟国家塞浦路斯的乡村旅游开展了深入研究，认为欧盟的农村地区正经历着重大的经济和社会变革，通过发展乡村旅游实现经济活动的多元化是实现农村经济和社会发展的一种重要手段。尤其是在一些偏远的区域，乡村旅游业及相关活动可以被视为乡村发展策略的主要轴心，能够在短期内保护脆弱的社会经济结构，并能长期促进可持续发展，乡村旅游在塞浦路斯具有重要的经济意义。Wijijayanti 等（2020）认为乡村旅游目的地建设有助于增强社区的凝聚力，并促进当地经济的可持续发展。在乡村旅游目的地开发过程中，社区并非被动接受者，而是积极的参与者，它们不仅是旅游活动的举办地，也是旅游产品的创造者，是旅游产品中不可或缺的一部分，是独特的当地智慧的体现。

一些学者则认为乡村旅游是乡村可持续发展的重要因素（Bramwell，1994；McAreavey and McDonagh，2011；Dorobantu and Nistoreanu，2012；Trukhachev，2015；Ibănescu et al.，2018；López‐Sanz et al.，2021）。Bramwell（1994）较早开始关注乡村旅游的可持续发展。由于各地发展经济的迫切需求以及对乡村地区旅游访问需求的不断增加，西欧许多乡村正承受着巨大的压力，这些地区相对脆弱的自然环境以及特色的文化特色还面临被破坏或腐蚀的威胁。而可持续的乡村旅游发展则重视乡村社区的经济福祉和文化完整性，以及乡村环境的管理，有助于确保乡村社区和经济活动的可行性，进而有助于保持乡村的独特品质。Dorobantu 和 Nistoreanu（2012）分析了乡村旅游与生态旅游、可持续发展的需求与保护当地传统的需求之间的关系，认为想要实现乡村可持续发展就要对旅游资源进行可持续利用，维持乡村自然、文化及社会发展方面的多样性，以及对旅游业活动进行研究和监测。Trukhachev（2015）从乡村可持续发展的角度分析了乡村旅游的潜力、挑战和问题，试图确定研究区现有的和潜在的乡村旅游景点，并论证了四种旅游模式对乡村地区可持续发展的作用。Ibănescu 等（2018）通过重点关注人口稳定性、公共设施以及社会经济可持续性三个综合指标，探讨乡村旅游如何影响农村地区的可持续发展。认为乡村旅游对农村地区产生了显著的积极影响。

乡村旅游的功能是综合的，深入影响到乡村发展的每一个方面，表现在乡村经济、社会、生态环境和乡村空间组织等多个方面。并且乡村旅游在塑造民族自豪感、增添地方特色等方面也具有重要的作用（Silva and Leal，2015）。

（二）国内研究进展

国内乡村旅游研究始于20世纪80年代，伴随改革开放后乡村旅游的快速发展而产生。1990 年，凌申在《论我国乡村旅游资源的开发》一文中较早地提出乡村旅游概念。杨旭（1992）认为开发乡村旅游势在必行，乡村旅游在我国有着十分广阔的前景和市场。20世纪90年代以来，乡村旅游逐渐成为旅游学界的重要焦点，研究主题逐步拓展，成果数量不断增加，为促进乡村旅游发展和乡村建设提供了坚实的理论支撑。这些研究大致可分为三个阶段：初级化应用研究（1992—2005年）、多元化拓展研究（2006—2015 年）和融合性深化研究（2016 年至今），各阶段的时代背景和研究价值取向均不同（黄震方等，2021）。综合前人文献，国内乡村旅游研究的内容主要可分为乡村旅游概念与内涵、乡村旅游资源评价与规划开发，乡村旅游发展模式与路径、乡村旅游的国际经验借鉴、乡村旅游发展问题与对策几个方面。

1. 乡村旅游概念与内涵

在国内研究中，乡村旅游的概念、特征等内涵依旧是研究的重点。杨旭（1992）为乡村旅游做了一个简单定义，即"以农业生物资源、农业经济资源、乡村社会资源所构成的立体景观为对象的旅游活动"。杜江和向萍（1999）认为不应过分夸大乡村旅游的外延，不建议将农业旅游、森林旅游、民俗旅游等纳入乡村旅游的范围。并提出乡村旅游应该是以乡村风光和活动为吸引物、以都市居民为目标市场、以满足旅游者娱乐、求知和回归自然等方面需求为目的的一种旅游方式。李左人（2000）则从乡村旅游内涵的角度提出，乡村旅游不仅是一种物质消费，还是一种精神文化消费。发展乡村旅游必须注入丰富的文化内涵，对乡村的自然资源、人文资源和民俗风情资源进行充分的文化开发，提高产品的文化附加值。

在前人研究的基础上，肖佑兴等（2001）进一步论证了乡村旅游的概念和类型。提出"乡村旅游是以乡村空间环境为依托，以乡村独特的生产形态、民俗风情、生活形式、乡村风光、乡村居所和乡村文化等为对象，利用城乡差异来规划设计和组合产品，集观光、游览、娱乐、休闲、度假和购物于一体的一种旅游形式"。何景明和李立华（2002）综合分析了国内学者和西方学者对乡村旅游概念的阐述，认为狭义的乡村旅游是指在乡村地区，以具有乡村性的自然和人文客体为旅游吸引物的旅游活动。发生在乡村地区、以乡村性作为旅游吸引物是乡村旅游的两大核心特征。

随着研究的深入，国内学者从多个不同的角度给出了乡村旅游的定义。一些学者开始对这些概念进行定量研究，林刚和石培基（2006）选择了 20 个有影响力的乡村旅游概念进行了定量分析，归纳出了界定乡村旅游的 6 个标准，即乡村地域、乡村田园风情、农业生产活动、民俗文化、农家生活体验、休闲观光游览度假活动。进而将乡村旅游定义为："发生在乡村地域，以乡村田园风情、农业生产活动、农家生活和民俗文化等自然和人文景观为旅游吸引物的休闲、观光、游览及度假活动。"卢小丽等（2017）对中外 50 个乡村旅游概念进行了定量分析。提炼出构建乡村旅游概念的 16 个标准，并从中抽提出频次比较高的 7 个标准（休闲/学习、乡村农业活动、乡村自然风景、可持续发展、以乡村环境为基础的活动、乡村物质/非物质文化遗产、城市居民为主要客源市场）作为乡村旅游概念的构建指标。

2. 乡村旅游资源评价与规划开发

乡村旅游资源是乡村旅游发展的基础，因此在早期研究阶段，学者们比较关注乡村旅游资源的评价以及规划开发。胡巍和楼凌雁（2002）以浙江省水口乡为例对乡村旅游资源评价进行了实证研究，采用了层次分析法和模糊赋分法对水口乡旅游资源进行了综合评价。陈文君（2003）探讨了乡村旅游的深层次开发，提出了开发特色和名牌产品，树立鲜明的乡村意象，实施城乡旅游开发一体化战略、构建大区域旅游网络系统，实行生态、文化和科技旅游"三结合"等开发建议。尹振华（2004）则认为开发乡村旅游资源要注意农耕文化的灌注，提高文化品位，并建议进行农旅结合的复合型开发。马勇和陈慧英（2014）围绕乡村旅游目的地的乡土特色、发展环境、管理水平及成长能力四个方面，构建了1个目标、4个系统、14个要素及44个指标的乡村旅游目的地综合评价指标体系，并运用层次分析法与专家打分法对综合评价体系中的指标赋予了权重，设定了评价标准。

乡村旅游规划方面，方增福（2000）认为应该选择有独特吸引力的乡村进行旅游规划，充分利用已有基础设施，顺应农村生活方式设计旅游活动，鼓励村民积极参与，并使村民从中获益。乌恩等（2002）较早地提出乡村旅游规划要由专业人员与当地村民共同合作完成。李伟（2003）认为乡村旅游规划要坚持创新、比较、整体、前瞻、发展等原则。规划者对规划的社会背景、时空特征、文化内涵、发展趋势作出准确的分析判断，做到及时调整规划战略。

产品体系开发方面，王宏星和崔凤军（2005）在综合分析国内外各类乡村旅游产品的基础上，构建了核心产品域、辅助产品域、扩张产品域整个产品体系。其中，核心产品域包括乡村接待和度假服务、乡村景观和乡村文化等；辅助产品域由餐饮、工艺品、土特产、特色活动等组成；扩张产品域则是政府、企业、行业协会等出面组织的面向乡村旅游的营销或服务网络。张艳和张勇（2007）认为乡村文化是产生乡村旅游的主要动因，应着重开发乡村文化旅游系列产品，强化浓郁的乡村文化意象。毛勇（2009）认为可从观光、度假、体验、康体养生和体育冒险等方面对乡村旅游进行开发，提出了乡村观光游系列、乡村生活体验游系列、乡村度假游系列、乡村康体养生游系列、乡村体育冒险游系列、乡村商务会议游系列、乡村"无景点休闲旅游"系列、乡村专题旅游系列等产品开发类型，为乡村旅游的产品开发提供了参考。

3. 乡村旅游发展模式与路径

随着研究的深入，人们的目光开始聚焦乡村旅游的发展模式与路径。李德明和程久苗（2005）探索了乡村旅游与农村经济的互动发展模式，认为在乡村旅游发展初始阶段，政府主导发展驱动模式将占主导地位。当乡村旅游发展到较成熟阶段应实施"公司+农户"的经营模式、"旅—农—工—贸"联动发展模式。而农旅结合模式、股份合作制为基础的收益分配模式等应贯穿于乡村旅游发展的各个阶段。邹统钎（2005）分析了成都农家乐发展模式和北京民俗村发展模式，认为两种模式相似，乡村旅游的发展由市场的季节性和政府的政策支持决定，也同样面临着由标准管理、规模经营与经营者"飞地化"导致的"乡村性消失"问题，主张乡村旅游应塑造与维系乡村性，强化特色分类管理，坚持本土化经营。马勇等（2007）通过对成都市乡村旅游的考察调研，提出四大乡村旅游发展模式，分别是村落式乡村旅游集群发展模式、园林式特色农业产业依托模式、庭院式休闲度假景区依托模式、古街式民俗观光旅游小城镇型。

近些年，一些学者聚焦新时代新发展理念，探索乡村旅游高质量发展。赵承华（2018）提出要贯彻落实"创新、协调、绿色、开放、共享"的新发展理念，突破农家乐的传统模式，提高经营管理水平，增加乡村旅游的经济效益，保护乡村传统文化，突出乡村旅游特色，保护自然生态环境，促进乡村旅游的可持续发展。苏飞和王中华（2020）认为中国乡村旅游可分为政府推动型、居民参与型、企业开发型、混合发展型四种基本模式，其核心驱动力包括经济发达度驱动、环境舒适度驱动和交通便捷度驱动。舒伯阳等（2022）拓展了新时代乡村旅游高质量发展的理论，以新时代新发展理念为引领，凝练出"生态基底、智慧转型、文化赋能和产业优化"的乡村旅游高质量发展思想内核，针对当前绿色生态冲突、内生动力不足、服务体系滞后、产品创新不足等障碍，提出以绿色和生态优先为发展主调、以人才与运营管理为关键保障、以游客体验感为消费驱动内核、以文化与品牌 IP 为产品主打的乡村旅游高质量发展实践路径。

4. 乡村旅游的国际经验借鉴

学习借鉴国外乡村旅游发展的成功经验，对于我国乡村旅游的发展具有重要意义。王云才（2002）研究了澳大利亚等西方国家的乡村旅游典型案例，总结了国际乡村旅游发展的政策成功经验，主要政策包括政府干预乡村旅游发展、乡村旅游的系列政策工具、统一协调的合作机制等。王瑞花等（2005）介绍了国外乡村旅游的两种主要开发模式，即休闲观光型和务农参与型。认为国外乡村旅游具有乡村性、原生性、平民性、参与性的特点，并十分注重自己的品牌定位和特色，善于将乡村美食作为乡村旅游发展的突破点。张环宙等（2007）系统介绍了欧美国家发展乡村旅游的主要成功经验，认为乡村旅游正确的定位，合理的旅游形式（业态）选择，政府和社区的协调参与，以及法律法规和专门的管理机构是这些国家乡村旅游发展的关键。雷鸣和潘勇辉（2008）对日本乡村旅游的运行机制进行深入剖析，认为产业集群化是日本乡村旅游可持续发展的关键，财政支持是日本乡村旅游跨越式发展的"催化剂"，而农地的放松管制是日本乡村旅游可持续发展的"护身符"。陈雪钧（2012）综合归纳了美国、法国、日本等国乡村旅游发展的成功经验，认为主要有以下几个方面：一是制定乡村旅游法律法规，奠定法律基础；二是出台产业扶持政策，提供政策保障；三是创新乡村旅游产品，凸显文化性、体验性、互动性、特色性等特征；四是实施社区为主导的开发模式，保障当地居民的利益；五是创新多元化营销方式，开拓旅游市场。颜文华（2018）则总结了欧美、日韩、澳大利亚等海外发达经济体的一些共性经验，分别是系统的政策与法规保障、权威的行业协会推动、乡村原真性统领旅游产品的创意创新、品质认证和一体化营销推广。认为国内乡村旅游业应充分发挥政策引领作用、倡导旅游工匠精神、凸显旅游平台价值、搭建一体化乡村综合服务云平台。

5. 乡村旅游发展问题与对策

乡村旅游存在的问题及对策也是国内学者关注的焦点。21 世纪初，国内乡村旅游业经历了初步发展，处于逐渐走向成熟的过渡阶段。各地普遍存在基础设施薄弱、产品单一、从业人员素质偏低、对环境影响大等问题，学者们从各自的角度提出了相对应的策略。如周玲强和黄祖辉（2004）认为乡村旅游存在项目单一及低水平重复设置、投资与经营规模小、环境卫生亟待改善、市场竞争秩序乱、利益分配不均、市场信誉不良等问题，提出了加强引导、科学规划、质量管理、监督保障、规范经营、产品创新等对策。何景明等（2004）认为乡村旅游存在盲目建设、产品单一、季节性强、经营水平参差不齐等问题，提出发挥政府的主导作用，做好前期规划论证，提升产品的文化品位，丰富淡季旅游产品，塑造旅游品牌，提高乡村旅游的建设和经营水平，改善农村人居环境等建议。龙茂兴和张河清（2006）更全面地汇总了该阶段乡村旅游存在的问题，即基础设施落后、缺乏统一规划、对乡村旅游认识不足、资金短缺、服务质量不高、利益分配不均、市场研究不足等问题，提出了提高认识、合理分配利益、全盘运作、实现协调发展的对策建议。吴必虎和伍佳（2007）则认为中国乡村旅游的发展遇到了一定的瓶颈，存在产品开发程度低、单体规模小、服务和管理水平参差不齐、同质化现象严重、社区参与不够、利益分配不公等问题，需要从产品的升级、营销的细分和深化、市场的分级与拓展三个方面提升。徐琪（2009）也发现乡村旅游产品粗糙、旅游设施落后、对乡村旅游的认识不足、从业人员专业素质较差、负面影响日益严重等问题，提出通过旅游产品开发、管理体制创新、提高经营人员服务管理水平、加强资源与环境保护等方面，进一步促进乡村旅游的发展。

随着国内乡村旅游进入成熟阶段，乡村旅游面临的主要问题也有了新的变化。黄震方等（2015）对新型城镇化背景下乡村旅游的发展进行了探讨，认为新形势下乡村旅游需深入研究诸多复杂性理论问题。如新型城镇化对乡村旅游的影响与互动机制、乡村生态文明与乡村旅游的融合发展、乡村旅游空间结构优化及城乡旅游一体化空间格局构建、乡村旅游产业融合创新等科学问题。建议通过深化理论研究、强化实践应用，推动乡村旅游提质增效升级。彭顺生（2016）针对乡村旅游理论研究深度不够、不良开发现象突出、安全问题比较突出、旅游产业链尚未健全、环境破坏时有发生等问题，提出树立科学发展观、与新农村建设同步规划、打造精品、消除安全隐患、严格保护环境等建议。于法稳等（2020）凝练了乡村旅游高质量发展的概念和内涵特征，并从发展规划的科学性与前瞻性、产业融合、资源可持续、旅游产品和服务等方面甄别出实现乡村旅游高质量发展的关键问题，提出了强化理念指导、制定科学规划、优化配置资源、加强能力建设等对策建议，助力乡村旅游从注重数量向高质量发展转变。王婷等（2021）基于高质量发展视角，认为国内乡村旅游目前存在区域发展不平衡、产业结构较简单、市场主体较散弱、政策协同度不高等问题。建议重点解决乡村旅游用地、设施消防和资源产权三大难题，畅通乡村旅游"主客"间的人流、物流、信息流和资金流，优化投资环境，吸引多元市场主体，发挥多元主体发展能动性，创新乡村旅游各部门、组织间的协调机制。

二 乡村旅游与乡村扶贫结合研究

在广大的乡村地区，一些村庄由于地理位置偏远、通达性较差，自然景观和人文习俗受到外界的影响较小，因而大多保存了秀丽、原始的自然风光和淳朴的民族风情。这在一定程度上造成了贫困乡村和旅游资源富集区的重叠，为贫困乡村发展旅游业提供了基础，也在旅游学界和业界衍生出了一个重要的研究领域——"旅游扶贫"。在国际上，乡村的旅游扶贫理论及实践研究备受关注。其中，尤以英国国际发展局提出的"Pro-Poor Tourism"（以下简称 PPT）战略和世界旅游组织提出的"Sustainable Tourism-Eliminating Poverty"（以下简称 ST-EP）概念最为经典。各国的学者也从本国的实际出发讨论了乡村旅游扶贫的内涵、价值、路径及方法等（Rogerson，2006；Chok et al.，2007；Harrison，2008；Aref and Gill，2009；Akyeampong，2011；Manwa and Manwa，2014；Gascón，2015）。

作为全球减贫事业的主要推动力量，中国是乡村旅游扶贫研究的主要战场。乡村旅游扶贫在国内兴起于 20 世纪 80 年代，始于一些"老、少、边、穷"地区开发当地特色旅游资源、发展旅游业、实现脱贫致富的实践活动（丁焕峰，2004），这些成功案例也引起了国内旅游部门和旅游学界的重视。1991 年，"旅游扶贫"作为一个概念最早由贵州省在政府会议上提出。此后，国务院扶贫办和国家旅游局把旅游扶贫作为一个重要的调研课题，在国内进行大力推广和实践。一些学者也逐渐开始对"旅游扶贫"的理论与实践进行初步研究。如王芳礼和王云星（1995）讨论了布依族地区旅游扶贫问题，认为开展旅游扶贫对促进布依族地区实现脱贫致富具有非常重要的现实意义；兰雄现和蔡雄（1996）对广西龙胜各族自治县的旅游扶贫开展详细调查，得出了民族地区实施旅游扶贫可以加速少数民族脱贫的结论。吴忠军（1996）则以《论旅游扶贫》作为篇名，对其在扶贫工作中的地位和作用以及基本思路进行了详细论述，为广大旅游投资者和各级扶贫决策者提供了有益参考。高舜礼（1997）重点介绍了旅游开发扶贫的含义、意义和产生过程，描述了旅游开发扶贫的概况与特点，提出旅游扶贫在缩小东西部差距、帮助老少边穷乡村地区脱贫致富等方面会发挥更大的作用。

到 21 世纪初，旅游扶贫的研究迎来了一个高潮，国内越来越多的学者参与到研究中，从更理性的角度不断完善和丰富着旅游扶贫的理论和实践体系。林红（2000）从旅游投入与产出关系、旅游乘数与漏损效应等方面对"旅游扶贫"论进行了反思，提出旅游业不是所有地区发展经济的救命稻草，尤其是西部各省份要根据自身的条件来进行产业布局。周歆红（2002）则认为旅游扶贫应该从其核心问题出发，即关注贫困人口如何在当地的旅游发展中获益，并获得更多发展机会。这个核心问题是引导旅游发挥扶贫潜力的指示器和测量器，它的确立有利于指导乡村旅游扶贫行动的方向。郭清霞（2003）重点分析了旅游扶贫开发中存在的一些问题，如将旅游扶贫简单地等同于旅游开发、把陋习当作特色来开发、按照城市化发展模式进行旅游扶贫开发、只关注眼前的效益等，认为科学的旅游扶贫应该在政府扶持和引导下，以地方特色为生命，农民唱主角，实现旅游企业和当地农民双赢。丁焕峰（2004）对中国的旅游扶贫历程进行了回顾，认为前面近 20 年的研究主要集中在含义及理论基础、可行性分析、基本思路、扶贫效应、扶贫模式、扶贫开发问题和对策等几个方面，提出贫困乡村社区参与旅游、旅游扶贫与当地主导产业有机结合是旅游扶贫研究中有待深入的两个重点。李刚和徐虹（2006）认可旅游业在改善贫困乡村的综合效益方面有很大的拉动作用，但认为在旅游扶贫过程中出现的旅游漏损、受益不均、产品模仿严重等问题弱化了旅游扶贫的可持续效应，提出在观念上扶贫、政策上扶贫、机制上扶贫、要素上扶贫等建议。李佳等（2009）通过问卷调查和数理统计方法探析了民族贫困地区居民对旅游扶贫效应的感知和参与行为，结果显示：当地居民对旅游扶贫的正面效应感知明显，而对负面效应不敏感；对发展旅游总体上持支持态度，具有较高参与热情。当地居民对旅游扶贫正效应的感知对其态度和参与意向均有显著正向影响。

随着扶贫工作逐渐进入精准扶贫和脱贫攻坚阶段，乡村旅游也成为助力精准扶贫和脱贫攻坚的关键角色。2013 年，国务院扶贫办和国家旅游局共同出台了《关于联合开展"旅游扶贫实验区"工作的指导意见》，明确了旅游扶贫实验区的申报流程和范围，有利于发挥实验区的旅游扶贫示范带动作用，探索旅游扶贫的新模式。一些学者开始在新的背景下研究旅游扶贫，邓小海等（2015）开展了精准扶贫背景下的旅游扶贫精准识别研究，认为如何提高旅游扶贫的精准度是旅游扶贫实践亟待解决的问题，并通过分析旅游扶贫目标人群识别、旅游扶贫项目识别等内容，提出了目标人群识别的市场甄别机制及扶贫项目的识别框架。毛峰（2016）通过研究重庆市"旅游+片区开发、旅游+N（农业、文体、商贸等）"的扶贫开发模式，认为重庆市实施的"因地制宜、多元发展，精确识别、精准扶贫，营销驱动、品牌提升，创新机制、多样带动"等创新模式和成功经验值得在全国推广。公丕明和公丕宏（2018）认为在精准扶贫和脱贫攻坚的背景下，旅游扶贫是产业扶贫的重要内容之一。它不同于传统"输血"式扶贫，具有扶贫效果快、参与面广、贫困人口容易获得持续发展的能力、返贫率低等优势，有利于推动贫困地区的经济发展和贫困人口的脱贫致富。

一些学者还尝试借鉴国外的相关经验和启示，思考国内乡村旅游扶贫工作的开展。李会琴等（2015）对国外旅游扶贫的相关理论、研究方法、实践模式和效果等方面进行了综述。认为国外旅游扶贫的主要方式是自然旅游、农业旅游、遗产旅游、社区旅游，旅游扶贫对当地经济有较大促进作用，但想要可持续发展还需要合理地规划与操控。戴宏伟（2017）从逆向思维的角度阐释了贫困地区发展旅游休闲业的一些优势，并通过借鉴美国旅游休闲业流行的休闲创新、深度开发等理念，提出贫困地区树立"大旅游"和"旅游—休闲"的理念，注重特色经营、特色发展、生态保护等对策建议。

经过几十年的发展，乡村旅游在乡村扶贫工作中有效地引导了各种生产要素回流乡村，带动了乡村基础设施建设，改善了乡村发展环境，已经成为推进城乡统筹发展、产业融合发展和转变农村经济发展方式的重要抓手，为中国乡村经济增长作出突出贡献（刘小珉等，2021；聂铭等，2021；崔哲浩等，2022；曹瑾和唐承财，2023）。

三 乡村旅游与乡村振兴结合研究

由于"乡村振兴战略"把乡村振兴提升到国家战略层面，是中国的一大特色，所以乡村旅游与乡村振兴的结合研究主要集中在国内，前人研究成果也主要分布于2018—2025年。周玲强（2018）在"中国旅游发展笔谈"中较早地对乡村旅游助推乡村振兴这个命题进行了探讨。

他认为在乡村中发展旅游是解决"三农"问题的一个重要路径，它不仅可以改变农业生产结构，加快农业产业化的发展，实现第一产业与第三产业的融合；还可以促进乡村现代化建设，实现城乡一体化发展；并且可以扩大农村剩余劳动力就业，增加农民收入。向富华（2018）从城镇化背景出发，认为旅游开发是乡村振兴的"突破口"和"切入点"，符合广大农村地区的实际情况，故而提出乡村旅游是乡村振兴的必然选择。王敏娴和唐代剑（2018）更是认为乡村旅游是落实"乡村振兴战略"的重要抓手，在美好乡村建设中起到重要作用，还归纳了"新农人"模式、合伙模式、B&B 模式三种乡村旅游发展新模式，以及主题体验类、产业聚集类、主题游憩类三种新兴业态。张碧星和周晓丽（2019）则辩证地认为，乡村旅游具有成长为乡村振兴支柱产业的可能，但其不具有普适性，具体区域是否选择乡村旅游产业作为支柱产业还应考虑当地第一产业基础是否具有特色，是否具有稀缺型乡村风貌，是否有良好乡村生态环境，以及是否具备一定发展腹地等。

2020 年，脱贫攻坚战全面收官之后，学者更是将关注的焦点集中到乡村旅游和乡村振兴的结合。郭琰（2020）认为乡村旅游与乡村振兴相辅相成，乡村振兴为乡村旅游发展提供了支撑，乡村旅游则是乡村振兴的金钥匙，并提出乡村旅游要深入贯彻新发展理念，探索出具有区域特色的乡村旅游发展新路径。王安平和杨可（2020）也认为乡村旅游业与乡村振兴密切相关，二者相互包含、相互渗透、相互联动、相互促进，建议实施乡村旅游业与乡村振兴战略的融合发展，并提出"一融合、三结合、四依托"的乡村旅游业发展途径。徐忠勇（2020）强调在乡村振兴背景下乡村旅游是发展乡村地区经济的重要举措。并针对乡村旅游发展中存在的规模与产品同质化、发展模式与业态创新、产业理念与升级等问题，提出了凸显地域特色、走差异化发展道路、创新旅游业态、更新乡村旅游发展理念、统筹乡村旅游规划、乡村旅游品牌塑造等建议。谭俊峰（2021）则认为乡村旅游是以"三农"资源为依托的新型业态，完美契合中国乡村振兴战略的总要求，是实现乡村振兴的重要路径。

2022 年以来，学者更多地通过具体地区的实证研究来探讨乡村旅游与乡村振兴的关系。陈志军和徐飞雄（2022）以关中地区的袁家村、上王村与茯茶小镇等为例探讨了乡村旅游发展对乡村振兴的影响效应与机理，通过问卷收集数据和统计分析，结果显示：乡村旅游发展对乡村重构有极为显著的正向影响；乡村旅游发展对乡村振兴的影响以产业振兴、人才振兴、文化振兴为主，以生态振兴和组织振兴为辅。宋增文等（2022）以甘肃省临夏州祁杨村为例探讨了资源依托型特色村庄发展乡村旅游的策略，认为村庄应该采取优化空间布局、丰富完善乡村旅游吸引物、整合提升旅游产品、完善旅游设施与服务等措施促进乡村旅游发展。并提出乡村旅游是乡村产业振兴的重要途径，这在资源依托型特色村表现得更为突出。耿松涛和张伸阳（2023）以海南乡村旅游业的典型代表为例，提出了乡村旅游高质量发展的机制与实践模式，探索了乡村振兴中乡村旅游高质量发展的作用与意义。陈虎（2024）对世界旅游联盟提供的 99 个中国典型案例进行量化解析，认为通过旅游助力乡村振兴，需要根据各地实际情况采取有针对性的措施，探索不同的发展模式。陈佳馨等（2025）探讨了偏远山区乡村旅游嵌入乡村振兴的可行路径，提出了以政府支撑为外在动力源，以特色产业融合发展为内在动力源，以特色小镇为市场纵深支撑和后勤保障的融合发展模式。

因此，一方面，乡村旅游可以发挥融合生产要素、聚集产业、融合产业等重要作用，拓展农产品产业链和供应链，驱动乡村产业兴旺；可以促进乡村环境、村容村貌、基础设施改善，提高乡村生态环保能力，推动乡村的生态宜居；可以深度挖掘乡村民风民俗，促进乡村文化的传播和保护，带动乡风文明的建设；可以打破乡村原有的生产经营模式和封闭生活环境，吸引人才往乡村流动，推动建立多方联动、共建共治的乡村治理体系，促进乡村治理有效；可以创造就业岗位和创业机会，促进农民就地就业和就地创业，提高乡村居民收入水平，助力实现乡村生活富裕。另一方面，乡村振兴战略为乡村带来大量产业发展资金，可以帮助乡村旅游产业破解资金难题，可以极大改善乡村旅游发展的基础条件，解决制约乡村旅游发展的关键要素，还为乡村旅游发展提供人力资源保障与内生动能激发（蔡克信等，2018；向延平，2021；程同顺和朱晨迪，2024；杨丽花等，2024）。

四 研究述评

综上研究可知，国内外乡村旅游的研究大都集中在乡村旅游的概念和特征、乡村旅游开发、乡村旅游作用与功能、乡村旅游发展问题与对策等几个方面。国外研究更关注乡村旅游的可持续发展、乡村旅游的供给与需求、社区居民对发展旅游的态度等方面，而国内研究更关注乡村旅游发展模式与路径、乡村旅游与乡村扶贫和乡村振兴战略的结合。但是，对于乡村旅游资源的分类、调查、评价与规划开发的综合研究还较少，广大乡村急需一个能够指导其进行旅游开发并推进乡村振兴的综合性指南研究。同时，面对"一哄而上发展乡村旅游"带来大量同质化、低水平建设的现实问题，学者们的关注不多，国内缺少一个能够快速、简便地识别乡村旅游发展驱动力的村庄差异，可以科学衡量乡村旅游适宜性的判别模型。

另外，乡村旅游与乡村振兴结合研究是当前学术界最热的研究热点之一。前人普遍认为乡村旅游与乡村振兴具有很强的关联性。壮大乡村的旅游产业是乡村振兴战略的关键实施步骤，而乡村振兴又是乡村旅游发展的"助燃剂"，二者相互影响、相互促进，相得益彰。但是部分学者也清晰地认识到发展乡村旅游并不是乡村振兴的普适道路。先发展乡村旅游还是先发展其他产业？如何选择乡村振兴的具体路径？需要在充分剖析各乡村的基础条件和乡村旅游发展驱动力后再因地制宜地选择。

第三节　研究内容与思路方法

一　研究内容

本书以四川省脱贫地区的广大脱贫村为研究对象，研究范围涉及脱贫攻坚时期省内全部脱贫的 88 个脱贫县和 11501 个脱贫村。重点围绕这些脱贫村的乡村旅游资源普查、评价和规划开发等内容，总结部分脱贫村通过乡村旅游赋能乡村振兴的先进经验，提出脱贫村发展乡村旅游的策略。同时，厘清不同乡村的乡村旅游发展驱动力差异，进而提出乡村旅游助力乡村振兴的四种模式和发展路径。主要研究内容包括以下几个方面。

（一）乡村旅游资源普查及评价

研究乡村旅游资源的分类和汇总，介绍乡村旅游资源的普查流程及方法，强调资源普查需要注意的事项。重点研究乡村旅游资源的评价方法和评价体系，在国家标准及省级标准基础上，创新乡村旅游资源的评价方法，采用模糊综合评价法（FCE）、层次分析法（AHP），在充分考虑指标的普适性、代表性、针对性基础上，选取乡村旅游资源条件、乡村旅游资源开发、乡村旅游资源效应三个维度构建乡村综合旅游资源评价体系，该体系包含 1 个总目标层、3 个综合评价层、8 个要素评价层，以及 29 项因子评价指标。凸显乡村旅游资源的科学内涵，保证资源评价的科学性和可靠性，争取做到乡村旅游资源评价的方法创新。

（二）乡村旅游规划与开发

探索以市场需求为导向，以乡村旅游资源为核心，以发展乡村旅游业为前提，有组织、有计划地对乡村旅游资源加以利用的经济技术系统工程。区分不同规划编制类型的技术要求，介绍如何衔接国土空间规划、开展旅游发展适宜性评估。分析当前乡村旅游业的发展趋势、新兴旅游业态、开发模式和开发路径，探讨乡村旅游业的市场化运营机制、政府参与机制和产业发展长效机制。同时，研究脱贫地区的乡村农文旅结合、三产融合的策略和路径。结合脱贫村的特点，尝试走出一条脱贫村特有的三产融合道路。

（三）基于市场力和行政力的判别模型构建

梳理驱动乡村旅游发展的各方面因素，加以概括汇总。以市场力为横坐标、行政力为纵坐标，构建起基于两种驱动力的坐标系，作为区分乡村旅游发展动力的判别模型。可直观地衡量和探讨两种驱动力在乡村旅游发展过程中的地位和作用。同时，采用量化的方法，尝试制定两种驱动力的二级指标赋分标准，并进行相应赋分。将二级指标得分相加即得出两种驱动力各自的总分值，用于判断目标乡村的旅游发展驱动力大小。

（四）乡村旅游赋能乡村振兴的案例研究

根据脱贫村市场力和行政力的区别，将四川省脱贫地区的脱贫村分为四种类型。分析这些村庄乡村旅游资源的禀赋差异、地理和经济区位、行政主导的资源倾斜程度、乡村旅游发展情况等，因地制宜地探索脱贫村乡村旅游赋能乡村振兴的几种不同模式路径。并计划在四川省脱贫地区选取具有代表性的四类村庄进行案例研究。选取标准主要依据脱贫村的市场力的大小（Big or Small）和行政力的强弱（Powerful or

Weak），初步选择四个脱贫村：石椅村（BP 型）、明月村（BW 型）、悬崖村（SP 型）、马安村（SW 型）。除选取汉族地区的脱贫村，还选取了民族地区比较有代表性的脱贫村。对研究对象采用案例研究法，分析脱贫村的乡村旅游资源特性与现状、主要做法、取得成效、案例启示等。用来佐证本书的主要思路和观点，以期为脱贫地区乡村旅游开发和乡村振兴工作提供一些启示。

二 研究思路和方法

（一）研究思路

首先，收集丰富的前人研究成果和政府政策文件，与专家座谈沟通，分析、确定研究计划和著作框架。厘清四川省脱贫地区的范围，选取区域内具有代表性的村庄进行实地走访调查，与乡村旅游从业者、乡村干部、社区居民充分交流，获取关于脱贫地区乡村振兴的第一手资料。其次，研究乡村旅游资源的普查、评价方法，构建乡村综合旅游资源评价体系，探讨乡村旅游资源的规划与开发策略。最后，分析乡村旅游发展的所有驱动因素，汇总概括出核心驱动力，构建乡村旅游发展驱动力模型。利用模型将村庄分成四类，探索不同类型村庄的乡村振兴路径，并选取四川省脱贫地区的四个典型村庄进行案例研究，技术路线如图 1-1 所示。

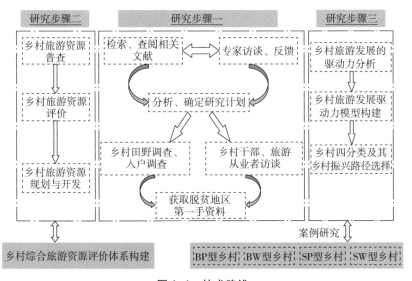

图 1-1 技术路线

（二）研究方法

本书综合运用多种研究方法，将实地调研、文献研究、案例分析与定量分析方法有机融合，形成了一套完整的研究方法体系。在研究过程中，通过实地调研获取大量一手数据，运用定量分析方法进行科学论证，同时结合案例分析，深入剖析问题本质，提出切实可行的对策建议，提高了研究成果的可靠性和实用性。

1. 文献研究法

广泛收集国内外关于乡村旅游、乡村振兴的相关文献资料，包括专著、学术论文、政策文件、研究报告等，对已有文献资料进行梳理和分析，明确研究进展和理论基础，为后续研究提供理论支撑和研究思路。

2. 实地调研法

选取四川省脱贫地区的典型乡村进行实地调研，通过问卷调查、访谈、观察等方式，深入了解当地乡村旅游资源的开发利用情况、旅游产品的供给情况、旅游市场的需求情况以及乡村旅游发展过程中存在的问题和挑战。同时，与当地政府部门、旅游企业、村民等进行交流，获取第一手资料，为研究提供真实可靠的数据支持。

3. 定量分析法

在乡村旅游资源评价等方面，运用层次分析法、模糊评价法等定量方法，对相关数据进行量化处理和分析，提高研究的科学性和准确性。在乡村旅游发展驱动力模型构建等方面，采用函数、直角坐标系、指标赋值等手段，实现驱动力的量化评价。

4. 案例分析法

将四川省脱贫地区的典型乡村编写成案例，对其发展历程、开发模式、成功经验和存在问题等进行深入分析，总结乡村旅游资源开发与赋能乡村振兴的模式和路径，为其他地区提供借鉴和参考。

第二章

四川省脱贫地区及
乡村旅游发展概况

第一节 四川省脱贫地区概况

一 脱贫地区概念及范围

脱贫地区是与贫困地区伴生的一种地理空间，是指整体上摆脱贫困状态、实现脱贫摘帽的一类地理区域或行政区划。自1986年中国成立贫困地区经济开发领导小组开始大规模的扶贫开发行动以来，许多受到帮扶的贫困地区陆续解决了区域整体的温饱问题，成为脱贫地区。尤其是1994年开始实施的《国家八七扶贫攻坚计划》，经过各方面的艰苦努力，大大改善了全国贫困地区的落后面貌。2000年末，四川省基本完成了此次扶贫攻坚的任务目标，如表2-1所示，全省63个贫困县整体上解决了区域内群众的温饱问题，贫困人口的人均纯收入显著增加（庄天慧，2004）。按照当时的扶贫标准，大量的县域已成为脱贫地区，一些县域还步入了小康县的行列。

表2-1　　　　　　八七扶贫攻坚阶段依次解决温饱的贫困县

解决温饱时间	国定县	省定县
1997年（10个）	渠县	北川县、沐川县、汉源县、长宁县、珙县、茂县、九龙县、巴中市、广元市市中区

续表

解决温饱时间	国定县	省定县
1998 年（24 个）	阆中县、南部县、仪陇县、宣汉县、广安县、朝天县、苍溪县、旺苍县、古蔺县、叙永县、兴文县	剑阁县、元坝县、西充县、平武县、盐边县、平昌县、高县、筠连县、宜宾县、白玉县、稻城县、金川县、冕宁县
1999 年（18 个）	嘉陵县、通江县、南江县、乡城县、德格县、越西县、喜德县、普格县、木里县、盐源县	青川县、屏山县、松潘县、小金县、万源县、马边县、营山县、九寨沟县
2000 年（11 个）	巴塘县、得荣县、壤塘县、黑水县、昭觉县、美姑县、布拖县、雷波县、金阳县	石渠县、甘孜县

20 世纪末开始，很多学者开始关注脱贫地区的可持续发展问题。如陈淮平（1998）从扶贫贷款使用效益的角度，探讨了脱贫地区如何加强扶贫贷款存量管理和提高扶贫贷款收回再贷效益，提出把好政策关、把好风险关、把好投向关和把好监控关等建议，以促进扶贫贷款的良性循环。邓尚华（2003）认为脱贫地区因其自给自足的生产模式和自然条件，经济发展仍存在困难。并提出要根据脱贫地区自身的特点，以家庭为单位发展庭院经济，改变传统的生产项目，开辟新的生产领域，提高脱贫地区人口收入。2015 年 11 月，《关于打赢脱贫攻坚战的决定》经中共中央政治局审议通过，标志着脱贫攻坚战进入加速加力阶段。此后，脱贫地区大量扩容。2016 年，28 个国家级贫困县脱贫摘帽；2017 年，又有 125 个国家级贫困县脱贫摘帽；2018 年，283 个国家级贫困县脱贫摘帽；2019 年，共有 344 个国家级贫困县摘帽，绝大部分国家级贫困县都摆脱了贫困；2020 年，最后 52 个贫困县退出贫困县序列。2021 年 2 月，习近平总书记在全国脱贫攻坚总结表彰大会上宣告："中国脱贫攻坚战取得了全面胜利，现行标准下 832 个贫困县全部摘帽，12.8 万个贫困村全部出列。"这些贫困县和贫困村构成了当前脱贫地区范围的主体。同月，中央一号文件，即《中共中央　国务院关于全面推进乡村振兴加快农业农村现代化的意见》发布，明确提出"接续推进脱贫地区乡村振兴"，"脱贫地区"这一概念成为新时代"三农"工作的关键概念。

二 四川省脱贫地区

2016 年 8 月，为确保完成 2020 年国家脱贫攻坚的目标任务，四川省发布《四川省贫困县贫困村贫困户退出实施方案》，明确了贫困人口、贫困地区脱贫的标准和程序。贫困人口脱贫的主要衡量标准是年人均纯收入稳定超过当年的国家扶贫标准（2016 年的扶贫标准为人均纯收入 3100 元），并且实现吃穿不愁，义务教育、基本医疗、住房安全有保障（"两不愁三保障"）。同时，还要做到户户有安全饮用水、生活用电和广播电视。贫困村脱贫的主要衡量标准则是以贫困发生率降至 3% 以下，同时要做到村村有集体经济收入、通信网络、卫生室、文化室和硬化路。贫困县脱贫摘帽的主要衡量标准同样是贫困发生率，原则上要求贫困县的贫困发生率降至 3% 以下，并做到乡乡有达标卫生院、标准中心校和便民服务中心。

在脱贫方案的指导下，四川省贫困地区的脱贫摘帽工作稳步推进。2016 年，南部县、蓬安县、华蓥市等 5 个贫困县摘帽；2017 年，汶川县、泸定县、北川羌族自治县、沐川县、仪陇县、合江县等 15 个贫困县摘帽；2018 年，青川县、金川县、营山县、兴文县、大竹县、平武县、松潘县、红原县、岳池县、武胜县、九龙县、丹巴县等 30 个贫困县实现脱贫摘帽；2019 年，屏山县、古蔺县、马边县、黑水县、壤塘县、新龙县、盐源县、雷波县、德格县、石渠县等 31 个贫困县脱贫摘帽。2020 年 11 月 17 日，四川省人民政府发布通知，批准普格县、昭觉县、喜德县、布拖县、美姑县、金阳县、越西县 7 个县退出贫困县，标志着四川省 88 个贫困县全部脱贫。

表 2-2　　　　　2016—2020 年四川省脱贫的贫困县名单

脱贫年份	脱贫县域
2016	南部县、蓬安县、华蓥市、广安市广安区、前锋区
2017	北川羌族自治县、沐川县、南充市嘉陵区、仪陇县、巴中市巴州区、马尔康市、汶川县、理县、茂县、泸定县、合江县、广元市利州区、南充市高坪区、达州市通川区、巴中市恩阳区
2018	平武县、广元市昭化区、广元市朝天区、青川县、阆中市、南江县、松潘县、九寨沟县、金川县、小金县、若尔盖县、红原县、康定市、丹巴县、九龙县、乡城县、稻城县、乐山市金口河区、营山县、高县、筠连县、珙县、兴文县、岳池县、武胜县、邻水县、达州市达川区、开江县、大竹县、渠县

续表

脱贫年份	脱贫县域
2019	叙永县、古蔺县、剑阁县、旺苍县、苍溪县、马边县、屏山县、万源市、宣汉县、平昌县、通江县、黑水县、壤塘县、阿坝县、雅江县、道孚县、炉霍县、甘孜县、新龙县、德格县、白玉县、石渠县、色达县、理塘县、巴塘县、得荣县、木里县、盐源县、甘洛县、雷波县、峨边县
2020	普格县、昭觉县、喜德县、布拖县、美姑县、金阳县、越西县

至此，作为全国扶贫任务最重的省份之一，拥有高原藏区、乌蒙山区、秦巴山区和大小凉山彝区四大脱贫攻坚主战场的四川省，如期实现了现行标准下 88 个贫困县全部摘帽、11501 个贫困村全部出列、625 万贫困人口全部脱贫，取得了脱贫攻坚战的全面胜利。此后，这些贫困县和贫困村皆成为脱贫地区，在新时代朝着全面乡村振兴迈进。这些脱贫地区就是本书的主要研究对象，尤其是 11501 个脱贫村，是实施乡村振兴战略的主要载体和基本单元，也是本书研究的主要落脚点。

第二节　脱贫地区发展乡村旅游的必要性

回顾历史展望未来，乡村旅游在脱贫攻坚和乡村振兴等乡村重大战略中，均占据举足轻重的地位。乡村旅游对脱贫地区的发展至关重要，其必要性主要由以下三点决定。

一　乡村自身特点

（一）产业结构特点

乡村产业指的是乡村范围内构成乡村经济的各行各业。乡村产业结构指的是乡村地域内产业之间、产业内部各层次之间以及各层次内部之间的相互关系，它是一个多层次的复合系统。乡村产业主要包括第一产业（农业）、第二产业（农村工业）、第三产业（农村服务业）。改革开放以来，中国的乡村经济逐渐从以单一农业为主的产业结构转变为拥有比较完整三大产业的产业体系，在国民经济中也担当起越来越重要的角色。自 20 世纪 90 年代中期以来，曾经是中国农村经济主导产业、工业经济"半壁河山"的农村工业逐渐衰落，主要表现为经济效益指标明显下降、发展速度明显放慢、亏损破产企业增多、吸纳农村剩余劳动力速度下降等。而对农村经济发展起重要作用的农村服务业还处于起步阶段，发展方式较为粗放，主要集中于农机作业服务、疫病防控服务、农产品营销服务、农资配送服务、农业信息服务、农技推广服务等生产性服务，缺少旅游、金融、保险、仓储物流等市场化的现代服务。因此，当前乡村的产业结构还是以粮食种植、畜禽养殖等农业产业为主的产业结构，主要生产原材料和初级产品，产品附加值较低，成为制约乡村振兴的主要障碍之一。产业结构亟待一次系统的调整，国际上通常采用的调整思路是根据市场需求、乡村资源优势和产业政策，大力发展第三产业（农村服务业），优化提高第二产业（农村工业），加强带动第一产业（农业）。通过农村服务业的调整解决农副产品的销售问题，通过工业结构调整解决农副产品加工的问题，进而带动农业结构调整，解决乡村农产品相对过剩和农民增收问题。

（二）国土空间特点

由于中国乡村面积占据了全国国土面积的绝大部分，乡村生态是中国生态环境的最后底线。同时，粮食安全是国家安全的重要基础，是"国之大者"和战略问题。所以，乡村承担着中国生态安全、粮食安全等重大责任。为保护乡村的生态和耕地，党的十八届三中全会就提出要"划定生产、生活、生态空间开发管制界限，落实用途管制"。党的十九大报告中再次强调了要"完成生态保护红线、永久基本农田、城镇开发边界三条控制线划定工作"。2019年，中共中央办公厅、国务院办公厅联合印发了《关于在国土空间规划中统筹划定落实三条控制线的指导意见》，明确了三条控制线的总体要求、划定原则和保障措施等，要求将三条控制线作为调整经济结构、规划产业发展、推进城镇化不可逾越的红线。国土空间三条控制线即"三条红线"，包括生态保护红线、永久基本农田和城镇开发边界。

生态保护红线指的是在生态空间范围内具有特殊重要生态功能、必须强制性严格保护的区域。比如，具有水土保持、生物多样性维护、重要水源涵养、防风固沙等功能的生态功能区域，或者是生态极敏感脆弱的石漠化、沙漠化、水土流失等区域。在生态保护红线内，自然保护地核心保护区原则上禁止人为活动，其他区域严格禁止开发性、生产性建设活动，以保证生态功能的完整性和系统性；永久基本农田指的是为保障国家粮食安全和重要农产品供给，实施永久特殊保护的耕地。国家按照一定比例，将达到质量要求的耕地依法划入。已经划定的永久基本农田如存在违法占用、严重污染、划定不实等问题的要全面梳理整改，以确保永久基本农田面积不减、质量提升和布局稳定；城镇开发边界指的是在一定时期内因城镇发展需要，可以集中进行城镇开发建设、以城镇功能为主的区域边界，主要涉及城市、建制镇以及各类开发区等。城镇开发边界的划定以城镇开发建设现状为基础，综合考虑人口分布、资源承载能力、城镇发展阶段和发展潜力等因素框定总量及限定容量，以防止城镇的无序蔓延。

国土空间的三条控制线对乡村产业发展具有极其深远的影响。一是较为大型的乡村产业项目均需要提前进行国土空间规划，没有纳入规划的项目将很难落地。二是乡村产业发展将面临有限的土地指标问题，虽然2020年的中央一号文件要求新编的县乡级国土空间规划应安排不少于10%的建设用地指标来重点保障乡村产业发展用地，但是基本农田的零散分布使得乡村也较难提供大量集中连片的土地来发展第二产业。三是三条控制线对乡村的生态保护提出了严格的要求，容易产生污染的农村工业也将面临更加严格的审批。

（三）基础条件特点

除土地条件的制约外，脱贫地区的基础条件同样制约着工业的发展。中国乡村基础设施相对城镇仍然十分匮乏，存在以下典型问题：一是乡村道路基础较差。乡村前期建成的公路标准普遍较低，多为乡道、村道，还有少部分县道、省道。路基路面宽度较窄，抗灾能力较弱，安全设施不到位，养护和管理成本较高。尤其是刚脱贫地区的道路通达、通畅任务仍然艰巨，很多村庄位于山大沟深的偏僻地区，道路建设的投资大、难度大。二是产业布局分散。乡村的产业普遍存在集中度不高的特点，分散的产业不仅浪费土地指标，还不能起到聚集作用，从而很难产生产业的规模效应。三是乡村流通设施建设较为滞后。乡村虽已大部分配备了综合超市、电商服务点、村邮站等设施，但严重缺少服务于产业的客货运场站、农产品冷链物流和仓储（包含冷库）等设施，导致乡村生产的各种产品流通较慢。四是人力资源基础薄弱。乡村人力资源虽然数量巨大、剩余劳动力多，但老龄化普遍较为严重，缺少足够的青年劳动力，"空心化"问题日益突出，进而导致发展乡村的主体缺失。且乡村劳动力的文化素质普遍较低，人才的相对不足难以支撑以科技创新为引领的现代产业的发展。

乡村基础条件的种种劣势导致 21 世纪以来中国农村工业的发展遭受了许多困难。在乡村振兴的背景下，这些限制仍然困扰着乡村第二产业的发展，进而影响乡村产业振兴。

二 旅游业的优势

（一）优化产业结构，提高产品附加值

旅游业具备兼容性高、综合性强的特征，涵盖了食、住、行、游、购、娱六大要素，能有效利用乡村中丰富的社会、文化和自然等各类资源，将这些在工业生产、农业生产利用外的闲置资源充分利用起来，提高乡村的资源利用率。还可以带动乡村的餐饮、民宿、娱乐休闲、购物等众多行业产业的发展，进而通过旅游业和相关产业的发展，扩大乡村的第三产业领域，形成乡村的第三产业集群，实现第三产业产值在农村经济中的比重不断上升和农业产值在农村经济中的比重不断下降。最终优化乡村的第一、第二、第三产业结构，推动乡村特色农业和农业产业化，以及第一、第二、第三产业的融合，促进农村经济的转型。

从产品供给角度来看，乡村的旅游业相较传统农业能够为消费者提供更加丰富的产品和业态，如研学旅游、康养旅游、亲子旅游、度假旅游等业态及相关产品在消费市场具有显著的优势。而且，以旅游业为代表的现代服务业具有附加值高、资源消耗少等特点，可以解决乡村农副产品附加值低、销售困难、相对过剩的问题，同时吸引农村剩余劳动力向高附加值、高收入产业转移，促进农民增收。

（二）环境危害小，用地更灵活

旅游业是当今世界最大的经济产业之一，旅游与环境的关系一直也是国内外学者和从业者探讨的重点。旅游业的核心产品是旅游地的自然和人文景观，因为其共享性、观赏性等特点，这些景观产品可以被人们共享和循环使用，其观赏价值和使用价值的损耗却很少。所以，旅游业跟一般的生产活动不一样，它主要消耗无形资源。尤其是与发展工业相比，发展旅游业不会像工业那样产生明显的废水、废气和废渣，用

"无烟工业"来称呼旅游业已成为社会各界的共识。一些学者甚至将旅游业比喻为"永不衰竭的朝阳产业"和"万岁产业"，以形容旅游业的可持续发展潜力。在乡村生态环保的底线约束下，旅游业环境危害小的特点使其成为乡村产业发展的重要方向。

在永久基本农田保护制度的约束下，乡村的用地指标成为乡村产业发展的最基本条件，尤其是集中连片的工业用地指标更是稀缺。而乡村旅游资源的分散化等特点使旅游产业项目的点状用地改革成为可能。乡村的点状供地一般指在城镇开发边界以外，不适合成片开发建设的区域，充分考虑区域资源环境承载力、项目区块地形地貌、建（构）筑物占地面积等要素，按照建多少、转多少、征多少的原则以散点状报批，主管部门根据规划用地性质和土地用途采取灵活的点状供应项目用地的过程，主要应用于乡村基础设施和公服设施、乡村旅游、休闲农业等需要零星、分散土地的建设项目。旅游项目点状供地具有一系列优势：首先，降低了企业获取土地的成本，减轻了旅游企业负担。其次，政府加强了企业用地的管控能力，可以实现对整个项目品质的整体把控，同时避免了土地指标的浪费。最后，简化了用地审批流程，使项目用地更灵活，项目审批更便捷。由于这种方式解决了土地资源、社会资本的节约利用问题，其有望成为未来旅游用地供给的发展方向。

（三）吸引基础投资，改善人居环境

基础设施是乡村旅游发展的基础条件，是乡村经济建设的必备条件，基础设施条件的好坏直接影响到旅游目的地的经济效益、环境质量和居民生活质量。旅游业各要素的发展都离不开基础设施的投入和完善。乡村旅游业作为近几年新兴的国家重点发展产业，已成为第三产业中的龙头产业和旅游业重点发展方向之一。它的兴起为乡村成功吸引了大量投资，这些投资既包括政府的投资，也包括来自民间的各种投资。如红色旅游重点景区基础设施建设专项资金，是国家发展改革委为进一步加强旅游基础设施建设，改善乡村等偏远地区红色旅游发展的基础条件，通过安排预算内补助投资和发行国债投资等方式，给旅游重点景区提供专项资金。政府、社会及民间资本的涌入不仅较好地解决了旅游业发展所面临的资金瓶颈等问题，还为乡村基础设施的改善带来了重大契机，为原本没落的乡村基础设施建设带来了强劲的发展动力。乡村旅游业越发达的乡村，它的基础设施往往越完善。

优美的风景、舒适的环境是旅游业的核心吸引物，旅游业对人居环境、卫生条件具有高标准的要求。因此，乡村旅游业的发展从客观角度会促使乡村对厕所、管网、废弃物处理、通信网络等影响人居环境的诸多基础设施进行改造和完善。带动当前乡村的生态环境优化，全面拓展乡村"三生"（生态、生产与生活）空间治理，推动生态宜居美丽乡村的目标实现。乡村人居环境的整治反过来可以与乡村得天独厚的文化底蕴相结合，并融入乡村旅游业，可以满足消费者对旅游产品高质量的要求。

三 政策的支持

乡村的旅游业在中国兴起于 20 世纪八九十年代，它是随着改革开放的深入发展以及产业结构的转型调整，由现代旅游服务业向传统农业延伸的一种产业形式和旅游发展模式。1998 年，国家旅游局把该年的旅游活动主题定为"华夏城乡游"，提出"吃农家饭、住农家院、做农家活、看农家景、享农家乐"的口号，开始掀起中国乡村旅游的热潮。2002 年，国家旅游局颁布实施《全国农业旅游示范点、全国工业旅游示范点检查标准（试行）》，提出要大力发展农业旅游和工业旅游，推进它们的产品化建设和产业化发展，以丰富和优化旅游产品、促进经济结构调整以及第一、第二、第三产业的相互渗透发展，并开始启动首批全国农业旅游示范点和全国工业旅游示范点的创建工作。随后，国家旅游局将"中国乡村游"定为 2006 年的全国旅游主题，以"新农村、新旅游、新体验、新风尚"为宣传口号，提出要进一步加强乡村旅游、农业旅游产品项目开发，目标是通过旅游产业促进社会主义新农村建设。2007 年，为推动农村旅游的深入发展，进一步发挥旅游业在促进社会主义新农村建设中的作用，国家旅游局将 2007 年的全国旅游宣传主题定为"中国和谐城乡游"。乡村旅游逐渐成为城乡和谐发展的重要纽带，在社会主义新农村建设中发挥着越来越重要的作用。

从 2014 年开始，国务院、国家发展改革委、农业农村部、国家旅游局等多部门密集发布了一系列支持乡村旅游的政策意见，为乡村旅游业的发展提供了充分的支持和保障。2014 年 8 月，国务院发布《关于促进旅游业改革发展的若干意见》，提出要大力发展乡村旅游。建议各地依托各自资源特色、区位条件和市场需求，开发出一批特色鲜明、形式多样的乡村旅游产品。同时，提出要加强乡村旅游精准扶贫，通过实施乡村旅游富民工程，带动贫困地区脱贫致富。2015 年 8 月，国务院办公厅发布了《关于进一步促进旅游投资和消费的若干意见》，提出要实施乡村旅游提升计划，计划包括：坚持乡村旅游个性化、特色化发展方向；完善休闲农业和乡村旅游配套设施；开展百万乡村旅游创客行动；大力推进乡村旅游扶贫。紧接着农业部等 11 个部门联合发布了《关于积极开发农业多种功能大力促进休闲农业发展的通知》，明确了优化布局、丰富内涵、增收脱贫、提档升级、有序发展、品牌培育等发展休闲农业的主要任务，完善落实了用地政策、财税支持、融资渠道、公共服务等促进休闲农业发展的政策措施，开发农业多种功能，推进农村第一、第二、第三产业的相互融合。2016 年的中央一号文件再次提出大力发展休闲农业和乡村旅游。支持乡村发展休闲度假、旅游观光、创意农业、乡村手工艺等，使之成为荣村富民的新兴支柱产业，并提出采取以奖代补、财政贴息、先建后补、设立产业投资基金等方式进行扶持。同年，国家旅游局等 12 个部门共同制定了《乡村旅游扶贫工程行动方案》，确定了科学编制乡村旅游扶贫规划、加强贫困村旅游基础设施建设、大力开发乡村旅游产品、加强重点村旅游宣传营销、加强乡村旅游扶贫人才培训五大任务，提出了乡村环境综合整治、旅游规划扶贫公益、乡村旅游后备厢和旅游电商推进、万企万村帮扶、百万乡村旅游创客、金融支持旅游扶贫、扶贫模式创新推广、旅游扶贫人才素质提升八大行动。同年 12 月，国务院印发的《"十三五"脱贫攻坚规划》中同样提出了支持乡村发展旅游业的规划指导，如因地制宜发展乡村旅游、大力发展休闲农业、积极发展特色文化旅游等。

2017 年中央一号文件着重从利用"旅游+""生态+"等产业深度融合模式，丰富乡村旅游业态和产品、鼓励集体经济创办旅游合作社、支持传统村落保护、多渠道筹集建设资金等方面提出发展乡村休闲旅游产业。同年 5 月，为推动落实乡村旅游相关政策，引导乡村旅游、休闲农业的持续健康发展，推进农村三产融合，农业部办公厅发布了《关于推动落实休闲农业和乡村旅游发展政策的通知》，明确支持有条件的地方大力发展乡村旅游和休闲农业。2018 年，文化和旅游部等 17 个部门联合印发了《关于促进乡村旅游可持续发展的指导意见》的通知，乡村旅游的重要性被提到了新的高度，该意见着重强调了乡村旅游在旅游业和乡村振兴战略中的重要地位，全面地提出了加强规划引领，优化区域布局；完善基础设施，提升公共服务；丰富文化内涵，提升产品品质；创建旅游品牌，加大市场营销；注重农民受益，助力脱贫攻坚；整合资金资源，强化要素保障等指导意见，计划实施乡村旅游精品工程，培育农村发展的新动能。2021年，中共中央、国务院发布了《关于全面推进乡村振兴加快农业农村现代化的意见》，提出了设立衔接过渡期、持续巩固拓展脱贫攻坚成果、接续推进脱贫地区乡村振兴、加强农村低收入人口常态化帮扶等措施，以实现巩固拓展脱贫攻坚成果同乡村振兴的有效衔接，这为脱贫地区指明了前进的方向，还提出开发休闲农业和乡村旅游精品线路，构建现代乡村产业体系。同年，中共中央办公厅、国务院办公厅印发了《关于进一步加强非物质文化遗产保护工作的意见》，提出要通过挖掘非物质文化遗产资源，提升乡村的乡土文化内涵，努力建设非物质文化遗产特色的村镇。并且提出在有效保护的前提下，推动非物质文化遗产与旅游的融合发展，支持利用非物质文化遗产资源发展乡村旅游等业态。2022年中央一号文件提出，实施乡村休闲旅游提升计划，支持农民直接经营或参与经营的乡村民宿、农家乐特色村（点）发展，并要将符合要求的乡村休闲旅游项目纳入科普基地和中小学学农劳动实践基地范围，还指出"鼓励各地拓展农业多种功能、挖掘乡村多元价值，重点发展农产品加工、乡村休闲旅游、农村电商等产业"，以持续推进农村第一、第二、第三产业融合发展。同年8月，中共中央办公厅、国务院办公厅印发的《"十四五"文化发展规划》中再次强调利用乡村的文化传统和资源，发展乡村旅游。

近两年，乡村旅游的支持政策继续加码。2023年中央一号文件提出，实施乡村休闲旅游精品工程，推动乡村民宿提质升级。2024年中央一号文件又提出，实施乡村文旅深度融合工程，推进乡村旅游集聚区（村）建设。2025年，中共中央、国务院印发的《乡村全面振兴规划（2024—2027年）》依旧高度重视乡村旅游，提出"发展乡村种养业、加工流通业、休闲旅游业、乡村服务业""有序发展农事体验等新业态，探索现代农业、休闲旅游、田园社区融合发展方式"。上述密集发布的政策意见均表明国家对乡村旅游业的高度重视，乡村旅游业获得了前所未有的政策支持。

综上研究，根据乡村自身产业结构、国土空间、基础条件的特点，结合旅游业的对应优势和国家政策的强有力支持，旅游业是实现乡村发展、乡村脱贫与乡村振兴顺利衔接的必然选择。科学地发展乡村旅游业应该是新时代脱贫地区巩固拓展脱贫攻坚成果和实现乡村振兴的关键动作。

第三节　四川省脱贫地区乡村旅游发展概况

一　脱贫攻坚时期的乡村旅游发展情况

在国务院扶贫办和国家旅游局的大力倡导和推广，以及旅游扶贫先进省份的带动下，四川省的乡村旅游扶贫工作也走在了前列。一些乡村旅游扶贫规划和纲要文件陆续制定，如《四川省"十三五"旅游扶贫专项规划》《四川省民族地区旅游产业发展规划》《四川省乡村旅游富民工程实施规划（2016—2020 年）》等；一些地区还设立了乡村旅游扶贫实验区，如大小凉山彝区、高原藏区。旅游扶贫开发主要采用政府主导、企业挑梁、居民充分参与的模式，由政府凭借其行政权力和强大财力搭建旅游扶贫平台，并制定出台相应的优惠措施，组织和吸引企业、社会团体等加入旅游开发中，给予当地居民实惠，调动当地居民的积极性。同时，通过频繁的国内外合作和交流，学习了国内外大量有益的乡村旅游开发及扶贫经验，促进本省贫困地区旅游业的腾飞和原住居民生活水平的提高。

经过几年的发展，四川省围绕乡村旅游及扶贫已形成环城天府农家区、川西藏羌风情区、川东北苏区新貌区、川南古村古镇区、攀西阳光生态区等多个旅游区。且各区风格各异、特色明显：环城天府农家区以特色农家乐为主，川西藏羌风情区以发展少数民族风情的特色村、寨为主，川东北苏区新貌区以红色旅游、民族风情、生态休闲、特色农业等系列主题为主，川南古村古镇区主要依托传统村寨和古镇发展古镇休闲游，攀西阳光生态区则重点发展康养休闲度假的乡村旅游产业带。达州市宣汉县巴山大峡谷景区、绵阳市白马王朗景区、南充市仪陇县朱德故里景区、广安市武胜县白坪—飞龙乡村旅游区等入列"全国旅游扶贫示范项目"。通江县空山天盆乡村旅游专业合作社、北川羌族自治县青片乡正河村民俗旅游专业合作社、南部县升钟湖德浩种植农民专业合作社入列全国"合作社+农户"旅游扶贫示范项目名单。广安市成都金馨绿化有限责任公司、广元市青川县智宸网络服务有限公司、广元市四川柏林湖旅游开发有限公司入列全国"公司+农户"旅游扶贫示范项目名单。项目数量上位居全国前列，显示了四川省近年来乡村旅游扶贫的卓著成效。

贫困乡村在发展旅游的过程中，逐渐形成了景区带动型、特色主体型、城镇依托型、历史文化型、交通沿线型等主要发展模式类型，涌现出大量的乡村旅游扶贫典型案例（见表2-3）。一些较突出的乡村旅游扶贫案例还入选《全国乡村旅游扶贫示范案例选编》（眉山市丹棱幸福古村）和《世界旅游联盟旅游减贫案例》（南充市仪陇县朱德故里景区），四川省乡村旅游扶贫的成果和经验在全国的脱贫攻坚战中作出了较大贡献。

表2-3　　　　　　　　四川省乡村旅游扶贫典型案例

序号	案例地点	案例经验
1	眉山市丹棱县幸福古村	依托古村落，以石文化为根基，以民居、庭院、古道、古树、古桥和奇石景观为代表，突出"乡村味道"。建立了一个特色乡村旅游合作社和一套农民增收致富的长效机制
2	南充市仪陇县朱德故里景区	探索"景区带村扶贫发展"模式，将景区建设与扶贫项目相结合、景区发展与扶贫产业培育相结合、群众就业创业与精准扶贫相结合，打造全国知名红色旅游目的地
3	古蔺县箭竹苗族乡	围绕川南特色苗族文化体验、特色休闲观光农业和溶洞探奇三大旅游品牌培育，不断加强民族文化的挖掘和打造，延伸旅游产业链条。连续举办"中国·古蔺苗家风情节"，用节日资源做大做强旅游
4	广安市前锋区高岭村	挖掘高岭村红色文化、自然生态旅游资源，发展集体经济，打造以萧家大院为核心，集爱国主义教育、红色文化旅游及自然生态观光于一体的综合性旅游景点
5	平昌县青凤镇枫香村	依托千亩七彩林、梅花鹿养殖场、亲子游乐园，坚持第一和第三产业互动、农旅融合发展。成立七彩枫香乡村旅游专业合作社，优先吸纳贫困户务工、优先采购贫困户农副产品。举办节庆游园活动，助推贫困户脱贫

续表

序号	案例地点	案例经验
6	开江县普安镇简车铺村	借力"三万亩农建示范区"建设，连片发展油菜700余亩，打造了规模震撼的"黄金花海"，在景区发展农家乐10余家和乡村民宿达标户3户，实现了乡村旅游与精准扶贫有机结合。围绕历史古迹"宝泉塔"，建成村级公共服务中心和荷花文化广场，提升旅游接待能力
7	简阳市永宁乡上坪村	依托"桑葚之乡"的基础，打造"桑海乡田"乡村旅游品牌，将脱贫规划与旅游蓝图融合，既保证了按期脱贫，又谋求了长效增长。将基础设施建设与旅游开发融合，创新"旅游+"经营模式，带动了广大农民增收致富
8	巴中市恩阳区万寿村	以建生态康养旅游品牌为目标，围绕"寿"这个文化主题定位，建设集生态水产、畜禽养殖、特色水果种植、养老养生、水上休闲娱乐于一体的乡村旅游度假观光综合体，打造体验式生态康养旅游产业

二 乡村振兴背景下的乡村旅游发展情况

乡村旅游是四川省实施乡村振兴战略的重要组成部分、建设幸福美丽新村的重要载体和实现城乡融合发展的重要路径。2021年5月，四川省政府办公厅印发《关于开展"天府旅游名牌"建设的实施意见》，提出建设一批天府旅游名镇、名村、名宿、名导、名品和美食，丰富乡村旅游产品，优化产业结构，打造全国知名乡村度假旅游目的地，助力乡村振兴。2022年11月，四川省文化和旅游厅制定了《四川省乡村旅游提升发展行动方案（2022—2025年）》，提出到2025年，培育一批度假乡村，创建天府旅游名镇达90个、名村达150个，力争15个镇（乡）、70个村入选全国乡村旅游重点村镇名录。促进四川省乡村旅游高质量发展，助力乡村振兴。

近几年，四川省脱贫地区乡村旅游成果丰硕，典型众多，经验丰富。积累了坚持产业融合，助推产业振兴；坚持项目带动，推进连片开发；坚持模式创新，形成多元经营；坚持标准引领，持续提升品质等成功经验。初步构建了环成都城郊度假、川东北森林康养、川西北文化体验、攀西阳光康养、川南田园康养等乡村旅游经济带。一大批村、镇获得乡村旅游国家级称号，如凉山彝族自治州德昌县德州镇角半村、广元市青川县青溪镇阴平村、宜宾市筠连县腾达镇春风村、阿坝藏族羌族自治州黑水县沙石多乡羊茸村、遂宁市大英县卓筒井镇为干屏村、雅安市汉源县九襄镇三强村、南充市高坪区江陵镇江陵坝村等村获评全国乡村旅游重点村，阿坝州小金县四姑娘山镇、攀枝花市米易县新山傈僳族乡等镇（乡）获评全国乡村旅游重点镇（乡）。四川省脱贫地区的乡村旅游设施更为完善，产品更加丰富、结构更为合理、助推乡村振兴的作用更加凸显。

三 乡村旅游开发失败案例

虽然乡村旅游在脱贫攻坚和乡村振兴工作中扮演着非常重要的角色，但也要清醒地认识到，乡村旅游不是乡村的万能钥匙，所有乡村不能都挤"旅游"这一条道。一些村子盲目跟风、一哄而上，或无视国家政策法规，或抄袭模仿千篇一律，得到了惨痛的教训（见表2-4）。比如，德阳市中江县的古名天下景区，2019年底开园，2022年闭园。主要景观是各种人物雕塑，以大量的仿制兵马俑为代表，投资规模巨大。因非法占用农用地和盲目扩张导致的资金链断裂而荒废。再如，内江市东兴区新店乡金鼓村的天荷旅游度假区，开业初期曾经火爆，后盲目增加十倍投资，规模迅速扩张，导致资金链断裂而荒废。更多的村子不具备发展乡村旅游的基础条件，如地理位置偏远、经济发展水平偏低、特色景观缺乏、产业支撑不足、交通设施落后等，因超前开发乡村旅游导致投资浪费，地方财政负担加重，村民与政府、企业矛盾加剧等不良后果。

表 2-4　　　　　　　　　乡村旅游项目失败案例

序号	项目名称	项目地点	案例失败原因
1	古名天下景区	德阳市中江县冯店镇黄坪村	投资规模迅速扩张，资金链断裂；产品低级模仿，异地复制兵马俑等景点，融合众多神话人物及帝王雕塑；建设过程中违法占用农用地
2	天荷旅游度假区	内江市东兴区新店乡金鼓村	盲目扩张，最终导致资金链断裂；盈利模式单一，主要依靠门票收入；交通、餐饮、住宿等配套设施不完善，导致游客体验感不佳；管理和规划较为缺失
3	南宝山旅游区"成都雪村"	成都市邛崃市大同镇金山村	景区采用棉花替代雪营造"雪村"氛围，涉嫌虚假宣传，造假场景被拆除，景区停运
4	蜀南茉莉香都	乐山市犍为县沉犀村	新修的旅游通道不经过该景区，导致游客量下降；涉及饮用水源保护区，游船停运，打破了景区原本完整的产品体系

续表

序号	项目名称	项目地点	案例失败原因
5	果蔬种植及生态观光采摘农业	崇州市王场镇川福种植专业合作社	该合作社在租用土地上进行非农建设行为，修建了木屋并硬化了部分土地，被责令停工。后来，非法占用土地上的建（构）筑物被拆除，土地恢复原状

　　本书聚焦"一哄而上发展乡村旅游"带来大量同质化、低水平建设的现实问题，探索四川省脱贫地区的乡村旅游资源普查、评价和规划开发策略，重点研究乡村旅游发展驱动力的村庄差异，以及不同类型乡村通过乡村旅游赋能乡村振兴的路径差异，尝试搭建一个衡量乡村旅游适宜性的判别模型，引导村庄因地制宜地进行乡村旅游规划开发，辅助各乡镇、村庄乡村振兴相关政策的制定和执行。

第三章

乡村旅游资源普查

第一节　乡村旅游资源内涵特征

一　乡村旅游资源内涵

（一）旅游资源

按照资源从属关系，乡村旅游资源属于旅游资源的一部分，因此在对乡村旅游资源进行概念界定前，首先要对旅游资源的定义进行解析。目前，关于旅游资源的定义类型较多且还未达成公认的标准概念，这是由于旅游资源本身囊括的范围较广，特别是近现代随着人们旅游需求的多样性，对旅游者形成吸引力的各种事物及因素层出不穷，例如，各种网红目的地、抖音快手小视频等也能对人们的旅游动机形成吸引力。同时，由于各专家学者和组织机构所具备的学科背景、研究视角和出发点等不尽相同，因而对旅游资源定义缺乏统一。

杞桑（1981）认为凡是构成吸引旅游者的自然和社会因素，即旅游者的旅游对象或目的物都是旅游资源。该定义主要对旅游资源的特性——吸引力的定向性进行判别。

黄辉实（1985）对旅游资源的原生性进行阐述，即物质的和非物质的各种事物都是旅游资源的原材料，并强调这种原材料必须经过开发才能成为旅游吸引物。

郭来喜（1987）增加了"休闲娱乐、探险猎奇、旅游观赏、考察学习"等旅游目的，同时将旅游从业人员提供的劳动服务视为旅游资源的一种，进一步扩大了旅游资源的范围。

邢道隆（1988）从旅游业的视角上，将旅游活动所产生"经济因素"纳入旅游资源条件，对旅游资源的经济价值因素进行了描述。

保继刚（1988）在自然类和历史文化类的旅游资源基础上，将用于旅游活动的"人工创造物"划入旅游资源的对象范畴。

周进步（1992）则将旅游资源进一步概括为在"地理环境中"具有"旅游价值"的物质部分，也就是旅游过程中的环境因素和物质条件。

谢彦君（2011）从狭义的角度将旅游目的地内客观存在的社会、文化及自然概括为旅游资源，并突出旅游资源使用过程中的审美、愉悦价值。

李天元（2009）则从广义的角度将任何具备吸引力的自然、文化、社会等客观事物定义为旅游资源，该定义的前提是必须对旅游者形成吸引力，否则将不构成旅游资源的必要条件。

通过文献梳理可以发现，旅游学界对旅游资源的概念界定各有侧重点，但大部分定义可以归纳为两个视角，即需求视角和供给视角。综上所述，本书认为旅游资源是指凡是能对旅游者造成吸引力，并能为旅游活动所开发利用的一切事物和因素。

根据前文的综述，该定义主要包含以下几点内涵：

（1）旅游资源的本质特征为吸引力。

（2）旅游资源不仅包括已经开发利用的资源，同时也包括具有吸引力的潜在旅游资源。

（3）"一切事物和因素"为广义上"只要具有吸引力"的都称为旅游资源，具体包括自然、文化、社会、生态、环境、服务等。

（二）乡村旅游资源

乡村旅游的发展历史悠久，例如，王羲之的《兰亭集序》在开篇中写道："永和九年，岁在癸丑，暮春之初，会于会稽山阴之兰亭，修禊事也……"描绘了在会稽山兰亭的乡村盛游之事。可以看出，无论是踏春郊游、农事体验，还是宗教仪式、野外创作等都可以作为乡村旅游活动的内容之一，是广义上的乡村旅游资源。目前，学者对于乡村旅游资源进行系统的学术研究和学术定义的时间还较短，国内外研究人员从不同学科视角、供给角度对乡村旅游资源进行概念界定，以期望进一步促进乡村旅游资源的保护开发和利用，提升乡村旅游的发展内生动力

（肖佑兴等，2001；何景明，2004；沈国斐，2005）。

金学良和陈常优（1992）认为乡村旅游资源是具有旅游价值的各类乡村自然、人文资源的总和，强调乡村旅游资源的吸引力和经济效益。舒象连（1997）从旅游业发展角度提出，乡村旅游资源是一种兼具自然和人文独特的乡村景观，是中国旅游业发展的优势资源。周作明（1999）则从资源开发角度，认为乡村所承载的自然环境、乡村文化以及农事生产生活等就是乡村旅游资源。高曾伟和王志民（2001）将乡村旅游资源定义为一种乡村景观客体，强调其能够被旅游业所利用并能产生综合效益。万青（2004）在乡村地域前提下，将乡村农业、环境等自然和社会资源列入乡村旅游资源，突出农业经营主体和经济效益。王翠娟（2010）在自然资源、人文资源的基础上增加地域性社会资源，进一步充实乡村旅游资源的丰富内涵。

综上所述，笔者认为乡村旅游资源的概念定义划分为广义和狭义两个层面。从广义上来讲，乡村旅游资源是指分布在乡村地区的旅游资源，除具有地域性限制外，其定义属性几乎与旅游资源等同。从狭义上来看，乡村旅游资源是指在对乡村旅游者（含潜在旅游者）形成吸引力，并能够为乡村旅游开发利用的乡村事、物及其他一切因素总和。该乡村旅游资源的狭义定义具有以下内涵：

第一，乡村旅游资源的吸引对象为乡村旅游者，其对象包含已有乡村旅游经历或即将去乡村出行的旅游者，同时包含以乡村为主要旅游目的地的潜在游客。

第二，乡村旅游资源应具有当下已开发或未来能够为乡村旅游业发展所利用的资源禀赋，并能为当地带来社会、经济、文化、生态环境等综合效益。

第三，其他一切因素总和是指除田野景观、农物农具等客观事物外，能够对乡村旅游者造成吸引力、刺激乡村旅游者产生旅游需求、促进乡村旅游者产生旅游动机等乡村因素，包括乡村生活习惯、乡村环境氛围、乡村精神文化等。

二 乡村旅游资源特征

乡村旅游资源是乡村旅游活动开展的前提，梳理乡村旅游资源的特征将有助于对其进行保护开发和利用，并进一步激发乡村旅游发展内生动力、释放综合发展潜力、助力乡村产业振兴（尚清芳，2018；李燕，2019；黄葵，2020）。乡村旅游资源是旅游资源的重要组成部分，结合乡村旅游资源的概念界定和内涵梳理，乡村旅游资源除具有观赏性、多样性、脆弱性、独特性、不可移动性等一般旅游资源的特点外，还具有以下特征：

（一）乡土地域性

与现代城市相比，乡村旅游既有放空一切的闲野情趣，也有花鸟鱼虫的物种景观；既是农耕生产的生活方式，也是社会文化的体验形式。乡村旅游者通过参与乡野活动、农事体验、文化探索等系列乡村旅游活动，深切感受到乡村的独特气息以及旅游所带来的心理变化，从而实现放松自我、探新求奇、体验生活等旅游需求（熊云明和徐培，2011）。同时，由于乡村与城市之间、乡村与城郊之间、乡村与乡村之间存在地域性差异，而这种差异性正是对乡村旅游者形成旅游动机的主要因素之一。因此，乡村旅游资源最本质的特征是具有地域差异的"乡土性"。

（二）资源综合性

乡村旅游资源不仅承载着小桥流水、田园山林、清新空气、绿色食物、优美环境等大自然所赐予的乡村景观，也包含木屋建筑、田园沟渠、农事采摘、民间习俗、节庆活动等人类社会活动所创造的乡村景观（陈霞，2022）。与此同时，对于现代旅游者而言，乡村旅游资源更重要的是体现了游子对故土怀念、家人思念、美好生活等乡土情结。这些因素共同构成了乡村旅游的美好愿景，满足乡村旅游者的旅游需求。可以看出，乡村旅游资源既有看得见摸得着的自然资源，也有可感受可缅怀的人文资源，是一种资源丰富、类型多样、综合性较强的旅游资源。

（三）休闲观赏性

乡村旅游资源主要由自然景观资源和人文风情资源组成，特别是自然景观资源是其中占比较大、差异性较强、可利用度较高的特色资源（刘瑞和苏维词，2006）。对城市乡村旅游者而言，大多数旅游者的目的是通过远离城市，在乡村区域度过一段集游玩、体验、娱乐、观光于一体的休闲时光，从而放松自己、调养身心。因此，乡村旅游资源具有较强的休闲娱乐和游玩观赏性。这也要求乡村旅游在发展过程中要注重完善旅游设施、打造休闲农业、建设田园景观、完善产业链条等休闲度假因素。

（四）参与体验性

相较其他旅游资源，乡村旅游资源存在品级参差不齐、艺术科考价值不一、资源聚集程度较低等特点，乡村旅游者重心放在乡村的参与体验感受上（陈纯和朱文君，2022）。乡村旅游资源可以为旅游者提供农事耕种、农村风貌、农家生活、康养健体以及乡村文化为主的系列乡村旅游参与感；乡村旅游者在开展乡村旅游活动时，也可以通过走访观光采摘、参与农事活动、体验乡土文化、享受乡野生活等方式体验乡村物质、非物质的地域景观，从而实现休憩娱乐、感受差异等旅游目的。因而，参与体验性是乡村旅游资源的重要特征，在后续资源开发中也应当着重突出本特征。

（五）季节波动性

乡村环境承载的田园风光、山林湖水等自然乡村旅游资源具有较强的季节性，例如，以观赏花卉、野外踏春等资源为主题的乡村观赏旅游集中在每年的 3 月、4 月，以野趣露营、避暑纳凉等资源为主题的乡村休闲旅游主要集中在 6 月、7 月，以水果采摘、农业丰收等资源为主题的乡村体验旅游主要集中在 10 月、11 月。同样，乡村人文旅游资源也有其时间聚集性，例如，大型庙会、民俗节日、重大节庆、文艺表演、绘画展览、乡村杂技等乡村民俗文化旅游普遍集中在某一时间段开展。与此同时，乡村旅游资源还具有一定的波动性，例如，水仙花、菊花、郁金香等乡村自然旅游资源可在人工干预下进一步延长其花期，供乡村旅游者观赏游览；通过挖掘、引进、创新等方式打造新的乡村人文旅游景观，不断扩展乡村旅游增长极。

第二节 乡村旅游资源分类

一 乡村旅游资源分类原则

（一）属性分类原则

乡村旅游资源内容复杂，为了将庞大的乡村旅游资源进行类型划分，可以借鉴采用属性分类原则进行乡村旅游资源从属关系的定位和分类（高曾伟和高晖，2002；胡粉宁等，2012；韩笑，2017）。例如，按照乡村旅游资源的状态属性，可划分为乡村自然旅游资源、乡村文化旅游资源、乡村人文与自然复合属性旅游资源、乡村服务旅游资源等类型；按照乡村旅游资源的存在属性，可划分为乡村物质类旅游资源、乡村非物质文化类旅游资源以及乡村兼具物质与非物质文化类的旅游资源等类型；按照乡村旅游资源的开发属性，可划分为乡村景观旅游资源、乡村生态旅游资源、乡村红色旅游资源等类型；按照乡村旅游资源的价值属性，可划分为乡村观赏型旅游资源、乡村休闲型旅游资源、乡村体验型旅游资源等类型。可以看出，通过属性分类原则，可以较好地对乡村旅游资源的类别进行综合界定。

（二）简明分类原则

乡村旅游资源内涵丰富、种类繁多，包含自然、经济、社会、人文等各个方面。在使用属性分类原则基础上，为避免将某一乡村旅游资源重复划分至不同属性类别，需进一步使用简明结构对乡村旅游资源进行划分（王敏等，2015）。例如，在乡村旅游资源状态属性分类中，可构建四级分类结构体系，一级目录包括乡村自然旅游资源、乡村文化旅游资源、乡村人文与自然复合属性旅游资源、乡村服务旅游资源；一级目录下设多个二级目录；二级目录下设一系列三级目录；三级目录下设具体资源类型的四级目录。

（三）系统分类原则

乡村旅游资源各具特色但又相互联系，是一个具有复杂关联的系统整体。在乡村旅游资源分类时既要注重各类资源的相对独立性，又要把握资源内在的关联性；既要区分乡村旅游资源分布的区域性，也要从全局高度统筹资源的整体性；既要标明乡村旅游资源的差异性，更要厘清资源的内在逻辑性。例如，在划分乡村文化旅游资源分类时，既要区分春节等传统节庆活动的独特性，又要注重节庆资源的整体性和连贯性；既要考虑庙会等民风民俗活动的区域性，也要区分内部资源的排他性；既要把握非物质文化活动的传承性，更要厘清资源分类的层次性。因此，通过系统分类原则，可以在划分乡村旅游资源基本类型的基础上，进一步统筹资源的内部逻辑和外部规则进行系统科学归类（何静，2018）。

（四）综合分类原则

无论是以乡村旅游资源的存在属性、本质属性、价值属性、开发属性进行分类，还是以资源的内在关联和逻辑关系进行统筹，都很难将所有乡村旅游资源进行完全精准划分。这是为什么乡村旅游资源、生态旅游资源、红色旅游资源等资源划分至今还没有完全统一标准的原因之一，但也为旅游资源分类的学术建设和乡村旅游的现实发展提供了更多可能。这就要求我们在遵循前述原则基础上，进一步统筹考虑乡村旅游资源的综合性，结合国家标准、地方标准、学术标准及地方实际，划分出具有现实可操作和学术可探索的归类方法。同时，要注意将乡村现有的或潜在的旅游资源进行分类评价，而不是将尚未发生或臆想的旅游资源进行划分。

二 现有旅游资源分类

（一）国家标准

随着中国旅游业的发展，旅游需求不断升级、旅游类型不断丰富、旅游设施不断完善，供给侧结构性改革倒逼旅游企业重新审视旅游资源分类和市场开发。中国官方发布的推荐性《旅游资源分类、调查与评价》国家标准（以下简称《国标》）先后历经两个版本，即 GB/T 18972—2003 年版、GB/T 18972—2017 年版。作为现行的旅游资源分类标准，国标具有普遍适用性，是各省份、市及县区甚至是乡镇一级旅游规划的重要依据之一（尹泽生和李亮，1992；顾维舟，1992；朱竑，2005；何效祖，2005；杨倩，2020）。

在"旅游资源"概念界定方面，2003 年版《国标》将旅游资源定义为"自然界和人类社会凡能对旅游者产生吸引力，可以为旅游业开发利用，并可产生经济效益、社会效益和环境效益的各种事物和因素"，2017 年修订版本的《国标》保留"产生吸引力、可以为旅游业所开发利用、具有三大（经济、社会、环境）效应"等核心要素，并将"各种事物和因素"进一步改为"各种事物和现象"，从而更加精准释义旅游资源定义（何效祖，2006；彭俊芳，2019）。

在"旅游资源分类"方面，2003 年版《国标》按照"主类、亚类、基本类型"三个层次进行划分，其中"主类"有建筑与设施、地文景观、遗址遗迹、水域风光、生物景观、人文活动、天象与气候景观、旅游商品 8 个类别，"亚类"有综合自然旅游地、河段、树木、光现象、民间习俗等 31 个类别，"基本类型"有栈道、水井、楼阁、悬瀑、人类活动遗址等 155 个类型。2017 年版《国标》在原有基础上进一步简化合并、科学吸纳相关旅游资源类别，分为 8 个主类、23 个亚类和 110 个基本类型（见表 3-1）。

表 3-1　　　《国标》2003 年版和 2017 年版旅游资源分类对比

2003 年版			2017 年版		
主类	亚类	基本类型	主类	亚类	基本类型
A 地文景观	AA 综合自然旅游地	AAA 山丘型旅游地	A 地文景观	AA 自然景观综合体	AAA 山丘型景观
		AAB 谷地型旅游地			AAB 台地型景观
		AAC 沙砾石地型旅游地			AAC 沟谷型景观
		AAD 滩地型旅游地			AAD 滩地型景观
		AAE 奇异自然现象			
		AAF 自然标志地			
		AAG 垂直自然地带			
	AB 沉积与构造	ABA 断层景观		AB 地质与构造形迹	ABA 断裂景观
		ABB 褶曲景观			ABB 褶曲景观
		ABC 节理景观			ABC 地层剖面
		ABD 地层剖面			ABD 生物化石点
		ABE 钙华与泉华			
		ABF 矿点矿脉与矿石积聚地			
		ABG 生物化石点			
	AC 地质地貌过程形迹	ACA 凸峰		AC 地表形态	ACA 台丘状地景
		ACB 独峰			ACB 峰柱状地景
		ACC 峰丛			ACC 垄岗状地景
		ACD 石（土）林			ACD 沟壑与洞穴
		ACE 奇特与象形山石			ACE 奇特与象形山石
		ACF 岩壁与岩缝			ACF 岩土圈灾变遗迹
		ACG 峡谷段落			
		ACH 沟壑地			
		ACI 丹霞			
		ACJ 雅丹			
		ACK 堆石洞			
		ACL 岩石洞与岩穴			
		ACM 沙丘地			
		ACN 岸滩			

续表

2003 年版			2017 年版		
主类	亚类	基本类型	主类	亚类	基本类型
A 地文景观	AD 自然变动遗迹	ADA 重力堆积体	A 地文景观	AD 自然标记与自然现象	ADA 奇异自然现象
		ADB 泥石流堆积			ADB 自然标志地
		ADC 地震遗迹			ADC 垂直自然带
		ADD 陷落地			
		ADE 火山与熔岩			
		ADF 冰川堆积体			
		ADG 冰川侵蚀遗迹			
	AE 岛礁	AEA 岛区			
		AEB 岩礁			
B 水域风光	BA 河段	BAA 观光游憩河段	B 水域景观	BA 河系	BAA 游憩河段
		BAB 暗河河段			BAB 瀑布
		BAC 古河道段落			BAC 古河道段落
	BB 天然湖泊与池沼	BBA 观光游憩湖区		BB 湖沼	BBA 游憩湖区
		BBB 沼泽与湿地			BBB 潭池
		BBC 潭池			BBC 湿地
	BC 瀑布	BCA 悬瀑		BC 地下水	BCA 泉
		BCB 跌水			BCB 埋藏水体
	BD 泉	BDA 冷泉		BD 冰雪地	BDA 积雪地
		BDB 地热与温泉			BDB 现代冰川
	BE 河口与海面	BEA 观光游憩海域		BE 海面	BEA 游憩海域
		BEB 涌潮现象			BEB 涌潮与击浪现象
		BEC 击浪现象			BEC 小型岛礁
	BF 冰雪地	BFA 冰川观光地			
		BFB 长年积雪地			
C 生物景观	CA 树木	CAA 林地	C 生物景观	CA 植被景观	CAA 林地
		CAB 丛树			CAB 独树与丛树
		CAC 独树			CAC 草地
					CCD 花卉地
	CB 草原与草地	CBA 草地		CB 野生动物栖息地	CBA 水生动物栖息地
		CBB 疏林草地			CBB 陆地动物栖息地

续表

2003 年版			2017 年版		
主类	亚类	基本类型	主类	亚类	基本类型
C 生物景观	CC 花卉地	CCA 草场花卉地	C 生物景观	CB 野生动物栖息地	CBC 鸟类栖息地
		CCB 林间花卉地			CBD 蝶类栖息地
	CD 野生动物栖息地	CDA 水生动物栖息地			
		CDB 陆地动物栖息地			
		CDC 鸟类栖息地			
		CDE 蝶类栖息地			
D 天象与气候景观	DA 光现象	DAA 日月星辰观察地	D 天象与气候景观	DA 天象景观	DAA 太空景象观赏地
		DAB 光环现象观察地			DAB 地表光现象
		DAC 海市蜃楼现象多发地			
	DB 天气与气候现象	DBA 云雾多发区		DB 天气与气候现象	DBA 云雾多发区
		DBB 避暑气候地			DBB 极端与特殊气候显示地
		DBC 避寒气候地			DBC 物候景象
		DBD 极端与特殊气候显示地			
		DBE 物候景观			
E 遗址遗迹	EA 史前人类活动场所	EAA 人类活动遗址	E 建筑与设施	EA 人文景观综合体	EAA 社会与商贸活动场所
		EAB 文化层			EAB 军事遗址与古战场
		EAC 文物散落地			EAC 教学科研实验场所
		EAD 原始聚落			EAD 建设工程与生产地
					EAE 文化活动场所
					EAF 康体游乐休闲度假地
					EAG 宗教与祭祀活动场所
					EAH 交通运输场站
					EAI 纪念地与纪念活动场所
	EB 社会经济文化活动遗址遗迹	EBA 历史事件发生地		EB 实用建筑与核心设施	EBA 特色街区
		EBB 军事遗址与古战场			EBB 特性屋舍
		EBC 废弃寺庙			EBC 独立厅、室、馆
		EBD 废弃生产地			EBD 独立场、所
		EBE 交通遗迹			EBE 桥梁
		EBF 废城与聚落遗迹			EBF 渠道、运河段落
		EBG 长城遗迹			EBG 堤坝段落

续表

2003 年版			2017 年版		
主类	亚类	基本类型	主类	亚类	基本类型
E 遗址遗迹	EB 社会经济文化活动遗址遗迹	EBH 烽燧	E 建筑与设施	EB 实用建筑与核心设施	EBH 港口、渡口与码头
					EBI 洞窟
					EBJ 陵墓
					EBK 景观农田
					EBL 景观牧场
					EBM 景观林场
					EBN 景观养殖场
					EBO 特色店铺
					EBP 特色市场
F 建筑与设施	FA 综合人文旅游地	FAA 教学科研实验场所		EC 景观与小品建筑	ECA 形象标志物
		FAB 康体游乐休闲度假地			ECB 观景点
		FAC 宗教与祭祀活动场所			ECC 亭、台、楼、阁
		FAD 园林游憩区域			ECD 书画作
		FAE 文化活动场所			ECE 雕塑
		FAF 建设工程与生产地			ECF 碑碣、碑林、经幢
		FAG 社会与商贸活动场所			ECG 牌坊牌楼、影壁
		FAH 动物与植物展示地			ECH 门廊、廊道
		FAI 军事观光地			ECI 塔形建筑
		FAJ 边境口岸			ECJ 景观步道、甬路
		FAK 景物观赏点			ECK 花草坪
					ECL 水井
					ECM 喷泉
					ECN 堆石
	FB 单体活动场馆	FBA 聚会接待厅堂（室）	F 历史遗迹	FA 物质类文化遗存	FAA 建筑遗迹
		FBB 祭拜场馆			FAB 可移动文物
		FBC 展示演示场馆			
		FBD 体育健身馆场			
		FBE 歌舞游乐场馆			
	FC 景观建筑与附属型建筑	FCA 佛塔		FB 非物质类文化遗存	FBA 民间文学艺术
		FCB 塔形建筑物			FBB 地方习俗

续表

2003 年版			2017 年版		
主类	亚类	基本类型	主类	亚类	基本类型
F 建筑与设施	FC 景观建筑与附属型建筑	FCC 楼阁	F 历史遗迹	FB 非物质类文化遗存	FBC 传统服饰装饰
		FCD 石窟			FBD 传统演艺
		FCE 长城段落			FBE 传统医药
		FCF 城（堡）			FBF 传统体育赛事
		FCG 摩崖字画			
		FCH 碑碣（林）			
		FCI 广场			
		FCJ 人工洞穴			
		FCK 建筑小品			
	FD 居住地与社区	FDA 传统与乡土建筑	G 旅游购品	GA 农业产品	GAA 种植业产品及制品
		FDB 特色街巷			GAB 林业产品与制品
		FDC 特色社区			GAC 畜牧业产品与制品
		FDD 名人故居与历史纪念建筑			GAD 水产品及制品
		FDE 书院			GAE 养殖业产品与制品
		FDF 会馆			
		FDG 特色店铺			
		FDH 特色市场			
	FE 归葬地	FEA 陵区陵园		GB 工业产品	GBA 日用工业品
		FEB 墓（群）			GBB 旅游装备产品
		FEC 悬棺			
	FF 交通建筑	FFA 桥		GC 手工工艺品	GCA 文房用品
		FFB 车站			GCB 织品、染织
		FFC 港口渡口与码头			GCC 家具
		FFD 航空港			GCD 陶瓷
		FFE 栈道			GCE 金石雕刻、雕塑制品
	FG 水工建筑	FGA 水库观光游憩区段			GCF 金石器
		FGB 水井			GCG 纸艺与灯艺
		FGC 运河与渠道段落			GCH 画作
		FGD 堤坝段落			

续表

2003 年版			2017 年版		
主类	亚类	基本类型	主类	亚类	基本类型
F 建筑与设施	FG 水工建筑	FGE 灌区			
		FGF 提水设施			
G 旅游商品	GA 地方旅游商品	GAA 菜品饮食	G 旅游购品	GC 手工工艺品	
		GAB 农林畜产品与制品			
		GAC 水产品与制品			
		GAD 中草药材及制品			
		GAE 传统手工产品与工艺品			
		GAF 日用工业品			
		GAG 其他物品			
H 人文活动	HA 人事记录	HAA 人物	H 人文活动	HA 人事活动记录	HAA 地方人物
		HAB 事件			HAB 地方事件
	HB 艺术	HBA 文艺团体		HB 岁时节令	HBA 宗教活动与庙会
		HBB 文学艺术作品			HBB 农时节日
	HC 民间习俗	HCA 地方风俗与民间礼仪			HBC 现代节庆
		HCB 民间节庆			
		HCC 民间演艺			
		HCD 民间健身活动与赛事			
		HCE 宗教活动			
		HCF 庙会与民间集会			
		HCG 饮食习俗			
		HCH 特色服饰			
	HD 现代节庆	HDA 旅游节			
		HDB 文化节			
		HDC 商贸农事节			
		HDD 体育节			

资料来源：笔者根据 2003 年、2017 年版《国标》整理。

（二）地方标准

《国标》出台后，各省份在《国标》基础上，结合地方实际与资源特色进一步制定地方旅游资源分类标准，制订资源普查技术操作规程，开展文化旅游资源分类与调查，例如，《江苏省文化和旅游资源普查规范（试行）》《浙江省文化和旅游资源分类、调查与评价（试行）》《四川省旅游资源分类、调查与评价（试行）》等。四川省是文化和旅游部确定的全国旅游资源普查试点省之一，本书以《四川省旅游资源分类、调查与评价（试行）》为例，与 2017 年版《国标》进行标准比较。

2019 年 8 月，四川省文化和旅游厅在《国标》基础上，梳理并归整《四川省旅游资源分类、调查与评价（试行）》地方性旅游资源分类标准，与 2017 年版《国标》相比，四川省旅游资源分类标准包含 8 个主类、26 个亚类、131 个基本类型，主要有以下变化：一是类型编号不同，《国标》使用字母 A、AA、AAA 排列标识主类、亚类和基本类型，四川省使用数字 01、0101、010101 排列标识主类、亚类和基本类型。二是类型数量不同，四川省旅游资源分类标准主类数量与《国标》相同，亚类数量比《国标》多 3 个，基本类型数量多 21 个。三是类型名称不同，例如，四川省旅游资源分类标准将《国标》在主类中"旅游购品"名称进一步细化为"旅游购品（文创产品）"。四是新增/细化基本类型，例如，新增"丘陵型景观、古镇古村（寨）"、细化"钙华与泉华、栈道、通道"等基本类型（见附录）。

（三）学术分类

旅游资源是旅游规划的基础和前提，在《国标》出台前，学术界尝试将旅游资源按照各类标准进行划分，其中，较为典型的旅游资源学术分类来自郭来喜，吴必虎等在地理学报发表的《中国旅游资源分类系统与类型评价》一文（郭来喜等，2000）。该文章在《中国旅游资源普查规范》（试行稿）的基础上，通过旅游资源分类原则和方法，将旅游资源划分为 3 个景系、10 个景类和 98 个景型，进一步完善旅游资源分类类型和方法。同时，该文章参与撰写人员及相关研究成果为 2003版《国标》旅游资源分类的出台奠定了坚实基础（白凯和王馨，2020）。随着研究的深入，旅游资源分类方式和标准学术研究成果不断丰富，运用较为广泛的旅游资源分类有以下几类。

1. 一分为二法

在 2003 年《国标》发布前，地理学、历史学等相关研究人员使用两分法对旅游资源类型进行划分，例如，地质地貌为代表的物质型旅游资源和民族民俗文化为代表的非物质型旅游资源进行划分，以山川河岳等自然旅游资源和舞蹈歌剧等人文旅游资源为界限进行划分，以永久性旅游资源和可消耗性旅游资源为标准的划分等。由于该方法具有简便准确、容易推广等优势，在旅游资源分类中使用较为普遍（李红玉，2006；李舟，2006；曾瑜皙和钟林生，2017）。

2. 颜色分类法

该方法是按照旅游活动类型进行旅游资源分类，例如，以革命纪念地、革命遗址、革命纪念馆等红色旅游活动为代表的红色旅游资源分类，以国家公园、森林公园、湖泊瀑布等生态旅游活动为代表的绿色旅游资源分类，以海洋景观、海滨旅游、水上运动等海滨旅游活动为代表的蓝色旅游资源分类，以古代文明、历史古迹、文化遗产等历史（文化）旅游活动为代表的黄色旅游资源分类，以宗教文明、朝拜圣地、宗教建筑等紫色旅游活动为代表的紫色旅游资源分类（王建军，2005；杨斌，2005；沈世伟和 Violier Philippe，2010）。

3. 专项分类法

该方法主要从旅游资源开发角度进行专项分类，包括音乐话剧等演艺旅游资源、古镇村庄等休闲旅游资源、民间文化等民俗旅游资源、游乐公园等创意旅游资源、建筑装饰等建筑旅游资源、滑雪旅游等体育旅游资源、登山徒步等森林旅游资源、海滨度假等水体旅游资源、航天展览等科技旅游资源、烈士陵园等红色旅游资源、传统文化等研学旅游资源、自然风光等生态旅游资源、岩石峰柱等地质旅游资源（陶伟，2001；王建军，2004；黄远水，2006；张敏，2009）。

4. 综合分类法

常规旅游资源分类方法是对单体旅游资源进行分类，而对于同一区域内多个单体旅游资源或不同区域内共生型旅游资源、复合型旅游资源的分类则需要使用综合分类方法。所谓综合分类法是对旅游资源聚集的资源组合体、综合体进行类别划分，其分类标准有自然旅游资源综合体分类、人文旅游资源综合体分类以及自然和人文共性旅游资源综合体分类，物质旅游资源综合体分类、非物质旅游资源综合体分类以及物质与非物质结合旅游资源综合体分类等类别（温兴琦，2008；汪宇明等，

2010；黄细嘉和李雪瑞，2011；何静，2018）。

三 乡村旅游资源分类

通过梳理相关研究，目前国内外还没有统一的乡村旅游资源分类标准。本书在参考《国标》《四川省旅游资源分类、调查与评价（试行）》等相关标准基础上，使用主类、亚类、基本类型进行旅游资源三级分类，其中，主类用英文 A、B、C 标识，亚类在主类基础上用数据标识为 A1、A2、A3 等，基本类型在亚类基础上继续使用数据标识为 A11、A12、A13 等。文章积极借鉴现有学术研究成果，以乡村旅游市场为划分依据，按照乡村旅游资源的性状、形态及属性特征，按照属性分类、简明分类、系统分类、综合分类等分类原则，初步构建乡村旅游资源分类体系。包括乡村自然景观、乡村文化景观、乡村非物质文化景观 3 个主类，乡村地文景观、乡村水域景观、乡村生物景观、乡村天象与气候景观、乡村建筑与设施、乡村景观与小品建筑、乡村旅游商品、乡村非物质类文化遗存、乡村人文活动 9 个亚类，以及人物事件、祭祀庙会、农时节日等 68 个基本类型（见表 3-2）。

表 3-2　　　　　　　　　乡村旅游资源分类

主类	亚类	基本类型
A 乡村自然景观	A1 乡村地文景观	A11 高山峡谷
		A12 山峰山崖
		A13 山谷山洞
		A14 梯田耕地
		A15 丘陵平原
		A16 高原台地
		A17 生物化石
		A18 山石土壤
		A19 地质遗迹
	A2 乡村水域景观	A21 湖泊景观
		A22 江河景观
		A23 溪流景观
		A24 瀑布景观

续表

主类	亚类	基本类型
A 乡村自然景观	A2 乡村水域景观	A25 海域景观
		A26 冰川景观
		A27 冰雪景观
		A28 泉水景观
		A29 池塘景观
	A3 乡村生物景观	A31 植被花卉
		A32 森林草原
		A33 田园牧场
		A34 树木花果
		A35 奇花异草
		A36 飞禽走兽
	A4 乡村天象与气候景观	A41 负氧离子
		A42 日出云海
		A43 彩虹景观
		A44 雾凇景观
		A45 海市蜃楼
		A46 极光景观
		A47 特殊气候
B 乡村文化景观	B1 乡村建筑与设施	B11 农家建筑
		B12 特色村寨
		B13 农贸市场
		B14 建筑遗址
		B15 建设工程
		B16 农田林场
		B17 宗教场所
		B18 桥梁码头
		B19 洞穴陵墓
	B2 乡村景观与小品建筑	B21 店铺商店
		B22 碑廊楼阁
		B23 亭御井泉
		B24 景观设施

续表

主类	亚类	基本类型
B 乡村文化景观	B2 乡村景观与小品建筑	B25 书画雕塑
		B26 摩崖栈道
		B27 民间工艺
		B28 可移动文物
		B29 住宿设施
	B3 乡村旅游商品	B31 农副产品
		B32 地道药材
		B33 工业产品
		B34 手工艺品
		B35 乡村美食
C 乡村非物质文化景观	C1 乡村非物质类文化遗存	C11 民间艺术
		C12 节庆习俗
		C13 医药疗养
		C14 曲艺文学
		C15 宗教信仰
		C16 传说叙事
		C17 名人逸事
		C18 婚丧嫁娶
	C2 乡村人文活动	C21 人物事件
		C22 祭祀庙会
		C23 农时节日
		C24 演艺赛事
		C25 现代节庆
		C26 特色活动

第三节　乡村旅游资源普查流程及方法

一　资源普查范围

旅游资源普查是旅游资源梳理、保护、开发和利用的前提，通过资源普查，可以了解乡村旅游资源的类型特征、分布情况、数量大小、开发潜力、聚集程度等基础信息（胡粉宁等，2012；游洁敏，2013；王敏等，2015；吴鸿燕，2017）。《国标》或相关地方标准中在旅游资源普查中均是以县（县级市、区）及以上行政区划为普查范围，由于乡村旅游资源主要聚集在乡村、城郊等地区，乡村旅游资源普查范围需要聚焦在以乡镇、村寨、小城镇等行政建制单位为主体进行普查。由于乡镇、村寨、小城镇等行政建制单位管理范围相对较小，且乡村旅游资源存在一定空间地域跨度，因此乡村旅游资源普查除以行政建制单位为普查范围外，需结合资源延续性、空间连续性、系统共生性为主体，对乡村旅游资源进行跨区域联合普查，从而保障乡村旅游资源的完整性，为后期乡村旅游资源评价及保护利用奠定基础（刘庆友，2005；陈彩红等，2007）。

二 资源普查流程

（一）前期准备

1. 制订乡村旅游资源普查工作方案

在确定乡村旅游资源主类、亚类和基本类型基础上，由文化和旅游主管部门或人民政府牵头，制订乡村旅游资源普查工作方案，并由政府与实施单位、组织单位共同编制乡村旅游资源普查详细方案，包括时间节点、工作任务、普查程序、成果形式等内容。其中，普查实施人员应来自政府、企业或科研院所，包含地理学、旅游学、历史学等相关学科背景。

2. 开展乡村旅游资源普查技术培训

由政府部门组织召开乡村旅游资源普查技术培训，参会人员包括政府部门、外业公司、乡镇村镇（居委会）等人员参加。培训会由相关专家和业务人员开展，主要内容包括如何识别乡村旅游资源？如何将乡村旅游资源进行正确类型划分？如何对乡村旅游资源进行等级评定？如何编制乡村旅游资源成果集成？参培人员需完全达到乡村旅游资源普查技术要求。

（二）资源普查

1. 开展现有资料收集工作

资料包括乡村旅游景区景点及相关简介、乡村国土资源资料、乡村地方志、相关宣传影视资料等。通过初步收集了解现有基本情况，为下一步开展乡村旅游资源调查及相关资源收集打下基础。

65

2. 开展乡村旅游资源普查工作

实施单位在现有资料收集工作基础上，按照行政区划或乡村旅游资源存在形态等标准划分资源普查具体区域，制定资源调查线路。将外业普查实施人员分为若干小组，在当地普查实施人员带领下开展乡村旅游资源普查工作，对新发现乡村旅游资源进行图文资料等信息采集工作。

（三）综合评估

1. 开展乡村旅游资源科学评价

普查实施人员按照单体旅游资源评价标准及相关要求，对现有及新发现乡村旅游资源进行科学评价，初次评价定级人员由普查实施队伍相关专业技术人员组成，并按照评价等级对相关图文资料进行登记造册。乡村旅游资源评价情况及相关资料统一反馈上一级组织实施单位，并组织相关专家进行复核鉴定。

2. 审核乡村旅游资源调查资料

外业单位以普查实施小组为单位对本小组资源普查资料进行归档整理，并按照文旅资源电子信息化要求整理相关影像图文资料，在相关信息平台录入乡村旅游资源普查数据资料。实施单位通过信息化平台对乡村旅游资源普查成果进行复核审定，并将审定结果提交组织单位、上级政府部门进行复审。

（四）成果验收

1. 外业乡村旅游资源成果验收

组织单位按照实施方案及乡村旅游资源普查相关要求，组织实施单位、外业单位、专家学者等验收人员召开乡村旅游资源成果鉴定复核会议，对外业单位资源普查成果进行查漏补缺、复核验收。对需要进一步明确或整改的地方制定完善方案，交由外业单位进行复核，将验收通过的资料转入存档。

2. 编制乡村旅游资源成果报告

将最终验收通过的乡村旅游资源成果录入文化和旅游部门官方信息系统平台，绘制本地区或区域内乡村旅游资源分布图，将资源普查过程性资料进行存档。按照乡村旅游资源基本情况、分布状况、等级划分以及区域乡村旅游发展情况、保护和开发建议等主要内容汇编乡村旅游资源成果报告（见图3-1）。

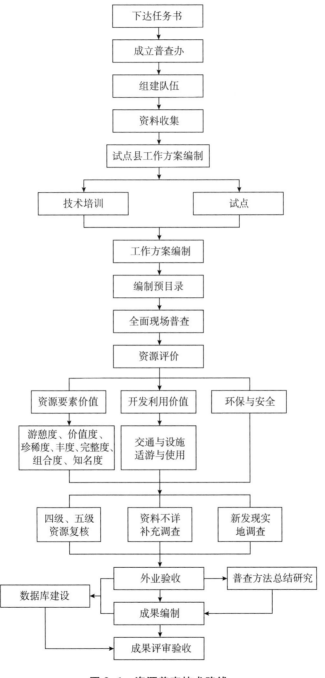

图 3-1 资源普查技术路线

注：引用《四川省旅游资源分类、调查与评价（试行）》操作细则。

三 资源普查方法

根据乡村旅游资源普查对象、普查实施不同阶段以及现代先进技术运用等情况，结合《国标》、地方性旅游资源普查标准及相关学术研究成果资料，乡村旅游资源普查可采取文献查阅法、现场访谈法、实地调研法、综合考察法、统计分析法、VR 技术、遥感卫星技术、地理信息测绘、无人机技术、分类分区法、采样分析、测试化验等方式方法开展（司祥芹，2011）。例如，在资源普查初期，可使用文献查阅法，对地方志、古籍文献等资料进行查阅，查找本地区历史上重要的乡村旅游资源；采用现场访谈法走访当地老人、非物质文化遗产代表性传承人等重要人物，结合相关资料梳理记录乡村旅游资源点基本情况；在资源普查阶段，可使用现代遥感卫星、无人机等手段探测人工无法或较难直达的区域，探寻乡村旅游资源的足迹；在后期乡村旅游资源成果整理阶段，可使用 VR 技术、全息投影等数字化技术，对重点历史文化乡村旅游资源进行保护开发，打造乡村旅游数字经济。

第四章

乡村旅游资源评价

第一节　旅游资源评价方法

一　定性评价方法

在旅游资源普查分类基础上，还需按照相关标准进行资源评价，进而对资源进行有序保护和开发利用。目前，旅游资源评价方法主要有定性评价、定量评价以及两者相结合的评价方式（司祥芹，2011；韩笑，2017）。旅游资源定性评价具有操作简单、反馈及时等优点，由于没有统一的评价尺度或标准，对评价人员的专业素养、学术水平、个人经验等方面要求较高。较为常用的旅游资源定性评价方法包括"三三六"评价法、"六字七标准"评价法、一般体验性评价法等。

（一）"三三六"评价法

该方法由地理学者卢云亭提出，核心内容可概括为分析旅游资源的历史文化、艺术观赏和科学考察"三大价值"，确定旅游资源的质量等级；估算旅游资源开发产生的经济、社会及生态环境"三大效益"，明确开发价值；梳理旅游资源的地理交通、客源市场、环境容量、景象地域组合、投资能力、施工难易程度"六大条件"，分析旅游资源所具备的开发条件（卢云亭，1996）。

（二）"六字七标准"评价法

黄辉实（1985）从旅游资源本身及旅游资源外部环境两方面提出评价内容，包含旅游资源的"美"、历史文化的"古"、知名程度的"名"、资源特色的"特"、新奇之感的"奇"、开发利用的"用"，即资源本身"六字"评价。以及旅游资源所处的社会经济环境、目的地可进入性、资源季节性、目标客源市场、社会基础结构、环境污染状况、区域资源联系性，即外部环境的"七个标准"评价。

（三）一般体验性评价法

一般体验性评价法是指游客、专家学者、企业机构等相关评价人员，在深入旅游资源点（区）或旅游景区景点开展一线亲身体验的基础上，根据个人体验和自身经验对旅游资源或旅游景区的质量高低、服务好坏等内容进行概括性、整体性、综合性定性评价。评价结果通常按照旅游资源质量优劣或评价人员排序的方式呈现，结果可适用于旅游资源的开发打造或旅游景区的推广宣传等多方面（陈德广和朱建营，2006）。

二 定量评价方法

随着旅游资源评价研究的深入，以及相关各学科领域定量研究方法的引入，旅游资源从定性评价逐渐发展到定量评价、定性与定量相结合的评价方式（金艳春，2007；宋启清，2011；夏伟，2018）。定量评价是指通过系列数据或建立数学模型等方式对旅游资源进行数理统计评估，并按照评价标准计算评价结果，该方法具有一定的客观性，可准确地帮助使用人员做出决策，从而进一步规范旅游资源评价内容和标准，减少主观评价的不良影响。当前，较为常用的旅游资源定量评价有技术性评价、主成分分析、熵值法等方法。

（一）技术性评价

技术性评价是指运用技术性指标对单个或多个旅游资源因素影响旅游者开展旅游活动的适应性进行评估，从而实现对旅游资源各要素的量化评价。该方法在自然旅游资源评价中使用较为广泛。例如，选取地形坡度为关键单因子指标，对旅游资源开发为运动型旅游产品进行技术性评价；使用湿度、气温等多因子指标对旅游地气候状况适应性进行评价，并在旅游活动开展中进行运用。

（二）主成分分析

主成分分析法是数学建模中常用的关键评价指标变量筛选方法，在旅游资源评价指标筛选过程中，该方法通过对数据降维方式将多个评价指标转化保留为具有最大信息量代表的少数关键性指标，从而进一步提高指标的科学性。具体操作步骤为：首先，将数据进行标准化处理。其次，构建协方差矩阵，运用函数计算各指标累计方差率，计算指标协方差值，通过累计贡献率（80%）得到主成分特征根。

（三）熵值法

熵值法又称为熵权法，是一种客观指标权重赋值方法。熵是指系统无规则、无秩序的程度，该方法是以各指标间数据的相对完整性和稳定性进行权重赋值的一种方法，指标熵值越大、离散程度就越小，所得权重值也越小，相反则权重值越大。在指标筛选后，通过对指标数据进行标准化处理，计算指标比重值，根据指标贡献率得出信息熵值，使用差异性系数得出指标的权重值，并计算综合权重值。

第二节 乡村单体旅游资源评价

在《国标》中，对旅游资源设置了资源要素价值、资源影响力、附加值3项评价项目，观赏游憩使用价值、历史文化科学艺术价值、珍稀奇特程度、规模丰度与几率、完整性、适游期或使用范围、知名度和影响力、环境保护与环境安全8项评价因子，以及模糊数学四分制评价标准赋值。《四川省旅游资源分类、调查与评价（试行）》地方标准在《国标》基础上，修改了评价因子相应分值，增加组合度、交通基础设施2项评价因子，并将"环保与安全"评价因子设置为一票否决制（见表4-1）。

表4-1　　　　　　　　　旅游资源评价标准对比

2017年版《国标》			四川省标准		
评价项目	评价因子	赋值	评价项目	评价因子	赋值
资源要素价值（85分）	观赏游憩使用价值（30分）	极高（30—22分）	资源要素价值（80分）	游憩度（15分）	极高（15—13分）
		很高（21—13分）			很高（12—9分）
		较高（12—6分）			较高（8—4分）
		一般（5—1分）			一般（3—1分）
	历史文化科学艺术价值（25分）	世界级（25—20分）		价值度（15分）	世界级（15—13分）
		国家级（19—13分）			国家级（12—9分）
		省级（12—6分）			省级（8—4分）
		区域性（5—1分）			区域性（3—1分）

续表

2017 年版《国标》			四川省标准		
评价项目	评价因子	赋值	评价项目	评价因子	赋值
资源要素价值（85分）	珍稀奇特程度（15分）	异常奇特（15—13分）	资源要素价值（80分）	珍稀度（10分）	异常奇特（10—8分）
		奇特（12—9分）			奇特（7—5分）
		突出（8—4分）			突出（4—3分）
		比较突出（3—1分）			比较突出（2—1分）
	规模、丰度与几率（10分）	巨大（10—8分）		丰度（10分）	巨大（10—8分）
		较大（7—5分）			较大（7—5分）
		中等（4—3分）			中等（4—3分）
		较小（2—1分）			较小（2—1分）
	完整性（5分）	完整（5—4分）		完整度（10分）	完整（10—8分）
		少量变化（3分）			少量变化（7—5分）
		明显变化（2分）			明显变化（4—3分）
		重大变化（1分）			重大变化（2—1分）
资源影响力（15分）	知名度和影响力（10分）	世界级（10—8分）		知名度（10分）	世界级（10—8分）
		国家级（7—5分）			国家级（7—5分）
		省级（4—3分）			省级（4—3分）
		区域性（2—1分）			区域性（2—1分）
	适游期或使用范围（5分）	>300 天（5—4分）		组合度（10分）	显著（10—8分）
		>250 天（3分）			明显（7—5分）
		>150 天（2分）			较明显（4—3分）
		>100 天（1分）			不明显（2—1分）
附加值	环境保护与环境安全	严重（-5分）	开发利用价值（20分）	交通与设施（10分）	极好（10—8分）
		中度（-4分）			很好（7—5分）
		轻度（-3分）			较好（4—3分）
		已保护（3分）			一般（2—1分）
				适游与使用（10分）	>300 天（10—8分）
					>250 天（7—5分）
					>150 天（4—3分）
					>100 天（2—1分）
			环保与安全	一票否决制	存在隐患一票否决

资料来源：笔者根据 2017 年版《国标》《四川省旅游资源分类、调查与评价（试行）》整理。

乡村旅游资源类型多样、分布广泛，除了具有普通旅游资源的特点外，还存在农家乐里一道美食、田间地头一片景象等独具特色的乡村旅游资源。因此，对于乡村单体旅游资源评价，可使用"三三六"等方法进行定性评价，并借鉴使用《国标》进行定量评价（见附录）。同时，结合当地乡村旅游发展规划、乡间非遗传承、乡村旅游收入等实际情况进行乡村单体旅游资源评价，从而构建具有多维度、多方法、多层次的乡村旅游资源评价体系，实现理实结合、评建结合，推动乡村旅游高质量内涵式发展（彭明勇，2007）。

第三节 乡村综合旅游资源评价

一 指标筛选

（一）构建原则

1. 科学发展原则

乡村旅游资源评价必须以科学发展为原则，科学发展原则主要包括科学思想、科学理论、科学体系等。首先，指标筛选要以科学思想为指导，并根据事物的本质和规律，运用科学思想客观、正确、系统、全面地反映所评价事物的特征和特性。其次，内容构建要以科学理论为依据，按照旅游的学科背景，对乡村旅游的相关理论研究进行梳理。最后，指标筛选要以科学体系为目标，在选取综合评价层时充分考虑指标体系的针对性与代表性，在选取要素评价层和因子评价层充分考虑指标的科学性与系统性，进而筛选具有乡村特色的指标体系，构建更加科学合理的评价模型。

2. 可持续发展原则

随着中国旅游业的发展和乡村振兴的时代背景，越来越多的乡村加入了旅游行业。乡村在旅游发展中的环境污染、资源破坏、发展混乱等一系列问题逐渐突出，这就造成旅游目的地经济效益下降，社会效益低迷、生态环境退化等不良后果，甚至造成旅游地被迫关闭。因此，乡村旅游在最初的资源评价中要以可持续发展为原则，这是因为可持续发展不仅是满足当代人的经济利益和旅游需求，也要为后代人的生活质量及旅游需求加以考虑。乡村旅游的可持续发展要以生态环境可持续、旅资源可持续、经济效益可持续和社会效率可持续为建设主线，从而实现旅游目的地居民生活质量的提高，为游客提供高质量的旅游体验，促进旅游发展的公平性，实现乡村旅游资源的永续利用等可持续发展。

3. 理论与实践相结合原则

理论是指对某一领域进行实践并对其中的认识和经验进行总结所形成的知识体系，科学理论则是在实践中客观正确地反映事物本质规律的理论体系。实践是理论的基础，而理论是实践总结和升华，理论和实践属于辩证统一的关系，科学理论对实践具有积极的指导意义。因此，坚持理论与实践相结合，坚持辩证唯物主义才能正确地反映客观事物的本质和规律，使理论研究具有科学性。本书在坚持以旅游学、地理学、社会学等理论基础为指导的基础上，通过实地考察，找出乡村旅游资源评价指标的个性和共性，有机地将理论与实践相结合，构建乡村旅游资源评价指标体系。

4. 定性与定量相结合原则

定性和定量作为两种分析问题的研究方法，在使用和处理方面都具有各自的特点。定性方法主要是通过主观经验判断等方式对事物进行描述性分析，而定量方法则通过数理模型运算等方式对问题进行量化分析。单纯使用定性方法进行研究，则会缺乏科学准确的数据分析，相反，缺少定性分析的定量研究也具有一定的盲目性。以定性分析为基础为定量分析提供方向，以定量分析为手段为定性分析提供依据，因此，通过有机地将定性与定量相结合，才能实现对事物更加科学合理的分析研究。本书运用定性分析方法对评价指标进行筛选，并构建乡村旅游资源评价模型。同时，采用较为成熟可靠的定量评价方法对指标权重进行计算。通过定性与定量相结合的方式，构建科学合理的评价模型以及客观、全面的评价研究对象。

（二）指标体系筛选

按照层次分析的原理，本书根据相关文献、国家标准、部门通知以及实地考察等资料数据对评价指标进行了筛选（谭根梅等，2007；汪杨伟，2013；吕万琪，2016；贺肖飞等，2020）。在对评价模型进行构建的基础上，按照模糊综合评价的要求，依据相关国家标准对评价标准和等级标准进行了确定。根据研究的主体和乡村旅游资源的科学内涵，乡村综合旅游资源评价指标体系的构建应遵循可持续性、系统性、科学性、关联性、可操作性、逻辑性等构建要求（仇呈，2022）。基于上述原则和现有国家标准，在充分考虑指标的普适性、代表性、针对性基础上，选取乡村旅游资源条件、乡村旅游资源开发、乡村旅游资源效应三个维度构建乡村综合旅游资源评价体系（见表4-2）。总目标层——乡村综合旅游资源评价，主要包含以下三个综合评价层。

表 4-2 乡村综合旅游资源评价指标体系

总目标层	综合评价层	要素评价层	因子评价层
乡村综合旅游资源评价 U	乡村旅游资源条件 A	乡村旅游资源要素价值 A1	资源观赏游憩使用价值 A11
			资源历史文化科学艺术价值 A12
			资源珍稀奇特程度 A13
			资源规模、丰度与几率 A14
			资源完整性 A15
		乡村旅游资源影响力 A2	资源知名度和影响力 A21
			资源适游期或使用范围 A22
	乡村旅游资源开发 B	乡村旅游通达性 B1	乡村旅游区位条件 B11
			乡村旅游可进入性 B12
			乡村旅游参与度 B13
		乡村旅游基础设施 B2	乡村旅游交通设施 B21
			乡村旅游接待设施 B22
			乡村文化旅游娱乐设施 B23
			乡村旅游安全设施 B24
		乡村旅游经济结构 B3	乡村旅游经济发展水平 B31
			乡村旅游产业结构 B32
			乡村旅游从业人员 B33
			乡村旅游政策因素 B34
	乡村旅游资源效应 C	乡村旅游社会效应 C1	乡村旅游就业率 C11
			乡村旅游公共服务 C12
			乡村乡风文明建设 C13
			乡村旅游综合管理水平 C14
			乡村游客满意度 C15

续表

总目标层	综合评价层	要素评价层	因子评价层
乡村综合旅游资源评价 U	乡村旅游资源效应 C	乡村旅游市场效应 C2	乡村旅游接待人数 C21
			乡村旅游综合收入 C22
			乡村旅游产品销售 C23
			乡村居民人均收入 C24
		乡村旅游环境效应 C3	乡村旅游环境保护 C31
			乡村旅游环境安全 C32

1. 乡村旅游资源条件

主要从乡村旅游资源要素价值、乡村旅游资源影响力两方面评价资源价值度，包含乡村旅游资源观赏游憩使用价值，乡村旅游资源历史文化科学艺术价值，乡村旅游资源珍稀奇特程度，乡村旅游资源规模、丰度与几率，乡村旅游资源完整性，乡村旅游资源知名度和影响力，乡村旅游资源适游期或使用范围7项指标。

2. 乡村旅游资源开发

从乡村旅游通达性、乡村旅游基础设施、乡村旅游经济结构三方面考察乡村旅游资源开发价值度，包含乡村旅游区位条件、乡村旅游可进入性、乡村旅游参与度、乡村旅游交通设施、乡村旅游接待设施、乡村文化旅游娱乐设施、乡村旅游安全设施、乡村旅游经济发展水平、乡村旅游产业结构、乡村旅游从业人员、乡村旅游政策因素11项指标。

3. 乡村旅游资源效应

对乡村旅游资源开发打造后形成的乡村旅游社会效应、乡村旅游市场效应、乡村旅游环境效应等效益价值度进行考察，包括乡村旅游就业率、乡村旅游公共服务、乡村乡风文明建设、乡村旅游综合管理水平、乡村游客满意度、乡村旅游接待人数、乡村旅游综合收入、乡村旅游产品销售、乡村居民人均收入、乡村旅游环境保护、乡村旅游环境安全11项指标。

与现行的《国标》相比，本书所构建的乡村综合旅游资源评价体系具有以下特点：一是层次结构更为丰富，综合评价层将《国标》划分为其中一个子评价层，并增加乡村旅游资源开发、乡村旅游资源效应

等评价维度。二是评价指标更加全面，具体评价指标由原来的 8 项指标
增加至 29 项指标，从资源价值度、开发价值度、效益价值度等方面进
行综合评价。三是评价体系更有针对性，在充分考虑乡村旅游资源条件
基础上，综合考虑乡村旅游资源保护与开发、乡村旅游经济主导产业、
地区产业发展规划等实际因素（见图 4-1）。

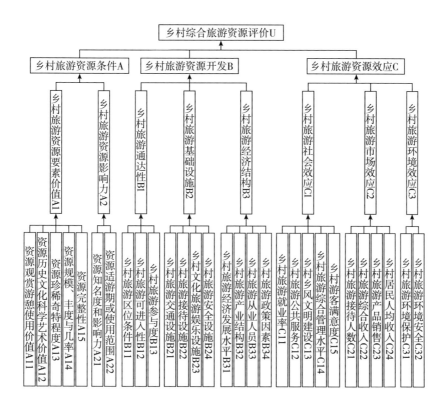

图 4-1 乡村综合旅游资源评价模型

二 权重计算

（一）单因子权重

层次分析法（AHP）为 20 世纪 70 年代初美国运筹学家 T. L. Saaty
运用网络系统理论（Network system theory）与多目标评估方法提出的一
种多层次权重决策分析方法。该研究方法主要优点为定性问题定量化之
间的转换和运算，本书采用该方法和专家赋值法相结合的方式对旅游资

源评价指标进行赋值与计算（胡晓媛，2011；黄国庆，2011；符学葳，2011；尚兵兵，2013；章江琴，2014；文慧，2015；张祎蓉，2016）。具体操作步骤如下：

1. 建立层次结构递阶关系

通过对指标体系的层次划分，来规定各项评价要素之间的隶属关系，从而建立层次结构递阶关系。本书将其划分为四个层次，总目标层 U，综合评价层 $A_i = \{A_1, A_2, A_3, \cdots, A_N\}$ 包含 N 项评价层，要素评价层 $B_i = \{B_i1, B_i2, B_i3, \cdots, B_iN\}$ 是一个对应 A_i 组成集合，因子评价层 $C_i = \{C_i11, C_i22, C_i33, \cdots, C_iNN\}$ 是对应 B_i 构成的集合。

2. 构造两两比较的判断矩阵

根据构造的层次结构递阶关系，借用层次分析法中的等级标度，采用1—9及其倒数进行标度（见表4-3）。对不同目标层进行两两比较，再对目标层中 N 个具体指标进行重要性比较 R_{ij}（$i, j = 1, 2, 3\cdots, n$），构成判断矩阵。

表4-3 　　　　　　　　　　判断矩阵标度值及其含义

标度 r_{ij}	标度定义
1	指标 r_i 与指标 r_j 同等重要
3	指标 r_i 比指标 r_j 略显重要，反之为 1/3
5	指标 r_i 比指标 r_j 明显重要，反之为 1/5
7	指标 r_i 比指标 r_j 特别重要，反之为 1/7
9	指标 r_i 比指标 r_j 极其重要，反之为 1/9
2, 4, 6, 8	指标 r_i 与指标 r_j 相比，介于上述指标之间

$$R_{ij} = \begin{pmatrix} R_{11} & R_{12} & \cdots & R_{1n} \\ R_{21} & R_{22} & \cdots & R_{2n} \\ \vdots & \vdots & \cdots & \vdots \\ R_{n1} & R_{n2} & \cdots & R_{nn} \end{pmatrix} \qquad (4.1)$$

R_{ij} 表示判断矩阵 R 的第 i 项与第 j 项两两重要性比值，采用 Saaty 的等级标度进行比较赋值。

3. 计算权重值

根据建立的两两比较判断矩阵 R，对每一层次的各项元素进行乘积运算，并对计算结果开 n 次方根：

$$\overline{W}_i = \left(\prod_{j=1}^{n} rij \right)^{\frac{1}{n}} \quad (i = 1, 2, 3, \cdots, n) \tag{4.2}$$

通过式（4.2）得出向量 $\overline{W}_i = (\overline{W}_1, \overline{W}_2, \overline{W}_3, \cdots, \overline{Wn},)$。其次，对 $\overline{W}_i$ 向量进行归一化处理得到特征向量：

$$r_i = \frac{r_i}{\sum_{j=1}^{n} \overline{r_i}} \tag{4.3}$$

归一化的数值就是权重。最后计算最大特征根 λ_{max}，其中 $(Ar)i$ 为向量 Ar 的第 i 个元素：

$$\lambda_{max} = \frac{1}{n} \sum_{i=1}^{n} \frac{(Ar)_i}{r_i} \tag{4.4}$$

4. 单层次排序与一致性检验

由于最大特征根 λ_{max} 连续依赖 r_{ij}，则 λ_{max} 比 n 越大，矩阵 R 的一致性越差。因此，为了指标权重值的合理性，需要对矩阵 R 的一致性进行检验：

$$CI = \frac{\lambda_{max} - n}{n - 1} \tag{4.5}$$

CI 为判断矩阵 R 的一般一致性指标。一般来说，$CI = 0$，则判断矩阵 R 有完全的一致性；CI 接近 0，表示判断矩阵 R 的一致性较为满意；CI 值越大，则判断矩阵 R 的一致性越差。为衡量 CI 的大小，需要和 RI 进行比值，公式为：

$$CR = \frac{CI}{RI} \tag{4.6}$$

CR 为判断矩阵 R 一致性比率。当 $CR = 0$ 时，表示判断矩阵 R 一致；当 $CR < 0.1$ 时，表示判断矩阵 R 的不一致性在可接受范围内；当 $CR > 0.1$ 时，表示判断矩阵 R 不一致。RI 为平均随机一致性指标（见表4-4），在实际运用层次分析时，由于判断矩阵的标度 n 为 1—9，因此采用前 9 位的 RI 值即可。

表 4-4　　　　　　　　　　随机一致性指标

n	1	2	3	4	5	6	7	8	9	10	11
RI	0	0	0.58	0.90	1.12	1.24	1.32	1.41	1.45	1.49	1.51

5. 判断矩阵处理

乡村综合旅游资源评价的判断矩阵处理如表 4-5 至表 4-16 所示。

表 4-5　　　　　乡村综合旅游资源评价 U 判断矩阵处理

乡村综合旅游资源评价 U	乡村旅游资源条件 A	乡村旅游资源开发 B	乡村旅游资源效应 C	Wi
乡村旅游资源条件 A	1	5	3	0.6370
乡村旅游资源开发 B	0.2	1	0.3333	0.1047
乡村旅游资源效应 C	0.3333	3	1	0.2583

注：一致性比例 = 0.0370，$\lambda_{max} = 3.0385$。

表 4-6　　　　　乡村旅游资源条件 A 判断矩阵处理

乡村旅游资源条件 A	乡村旅游资源要素价值 A1	乡村旅游资源影响力 A2	Wi
乡村旅游资源要素价值 A1	1	3	0.7500
乡村旅游资源影响力 A2	0.3333	1	0.2500

注：一致性比例 = 0.0000，$\lambda_{max} = 2.0000$。

表 4-7　　　　　乡村旅游资源开发 B 判断矩阵处理

乡村旅游资源开发 B	乡村旅游通达性 B1	乡村旅游基础设施 B2	乡村旅游经济结构 B3	Wi
乡村旅游通达性 B1	1	0.2	0.3333	0.1047
乡村旅游基础设施 B2	5	1	3	0.6370
乡村旅游经济结构 B3	3	0.3333	1	0.2583

注：一致性比例 = 0.0370，$\lambda_{max} = 3.0385$。

表 4-8　　　　　乡村旅游资源效应 C 判断矩阵处理

乡村旅游资源效应 C	乡村旅游社会效应 C1	乡村旅游市场效应 C2	乡村旅游环境效应 C3	Wi
乡村旅游社会效应 C1	1	2	0.3333	0.2493

乡村旅游 资源效应 C	乡村旅游 社会效应 C1	乡村旅游 市场效应 C2	乡村旅游 环境效应 C3	Wi
乡村旅游市场效应 C2	0.5	1	0.3333	0.1571
乡村旅游环境效应 C3	3	3	1	0.5936

注：一致性比例 = 0.0516，λ_{max} = 3.0536。

表 4-9　　　乡村旅游资源要素价值 A1 判断矩阵处理

乡村旅游资源 要素价值 A1	资源观赏 游憩使用 价值 A11	资源历史文化 科学艺术 价值 A12	资源珍稀 奇特程度 A13	资源规模、 丰度与 几率 A14	资源 完整性 A15	Wi
资源观赏游憩使用价值 A11	1	3	3	3	0.5	0.2811
资源历史文化科学艺术价值 A12	0.3333	1	0.3333	0.3333	0.3333	0.0703
资源珍稀奇特程度 A13	0.3333	3	1	0.3333	0.3333	0.1717
资源规模、丰度与几率 A14	0.3333	3	0.3333	1	0.3333	0.1099
资源完整性 A15	2	3	3	3	1	0.3670

注：一致性比例 = 0.0909，λ_{max} = 5.4074。

表 4-10　　　乡村旅游资源影响力 A2 判断矩阵处理

乡村旅游资源影响力 A2	资源知名度和影响力 A21	资源适游期或使用范围 A22	Wi
资源知名度和影响力 A21	1	0.2	0.167
资源适游期或使用范围 A22	5	1	0.8333

注：一致性比例 = 0.0000，λ_{max} = 2.0000。

表 4-11　　　乡村旅游通达性 B1 判断矩阵处理

乡村旅游通达性 B1	乡村旅游 区位条件 B11	乡村旅游 可进入性 B12	乡村旅游 参与度 B13	Wi
乡村旅游区位条件 B11	1	3	3	0.5936
乡村旅游可进入性 B12	0.3333	1	0.5	0.1571
乡村旅游参与度 B13	0.3333	2	1	0.2493

注：一致性比例 = 0.0516；，λ_{max} = 3.0536。

表 4-12　　　　　乡村旅游基础设施 B2 判断矩阵处理

乡村旅游基础设施 B2	乡村旅游交通设施 B21	乡村旅游接待设施 B22	乡村文化旅游娱乐设施 B23	乡村旅游安全设施 B24	Wi
乡村旅游交通设施 B21	1	3	3	1	0.369
乡村旅游接待设施 B22	0.3333	1	3	0.3333	0.166
乡村文化旅游娱乐设施 B23	0.3333	0.3333	1	0.3333	0.096
乡村旅游安全设施 B24	1	3	3	1	0.369

注：一致性比例 = 0.0579，$\lambda_{max} = 4.1545$。

表 4-13　　　　　乡村旅游经济结构 B3 判断矩阵处理

乡村旅游经济结构 B3	乡村旅游经济发展水平 B31	乡村旅游产业结构 B32	乡村旅游从业人员 B33	乡村旅游政策因素 B34	Wi
乡村旅游经济发展水平 B31	1	2	3	0.3333	0.2472
乡村旅游产业结构 B32	0.5	1	3	0.3333	0.1761
乡村旅游从业人员 B33	0.3333	0.3333	1	0.3333	0.0939
乡村旅政政策因素 B34	3	3	3	1	0.4827

注：一致性比例 = 0.0806，$\lambda_{max} = 4.2153$。

表 4-14　　　　　乡村旅游社会效应 C1 判断矩阵处理

乡村旅游社会效应 C1	乡村旅游就业率 C11	乡村旅游公共服务 C12	乡村乡风文明建设 C13	乡村旅游综合管理水平 C14	乡村游客满意度 C15	Wi
乡村旅游就业率 C11	1	3	3	3	0.5	0.2940
乡村旅游公共服务 C12	0.3333	1	0.5	0.5	0.3333	0.0835
乡村乡风文明建设 C13	0.3333	2	1	2	0.5	0.1580
乡村旅游综合管理水平 C14	0.3333	2	0.5	1	0.3333	0.1102
乡村游客满意度 C15	2	3	2	3	1	0.3542

注：一致性比例 = 0.0430，$\lambda_{max} = 5.1927$。

表 4-15　　　　　乡村旅游市场效应 C2 判断矩阵处理

乡村旅游市场效应 C2	乡村旅游接待人数 C21	乡村旅游综合收入 C22	乡村旅游产品销售 C23	乡村居民人均收入 C24	Wi
乡村旅游接待人数 C21	1	0.3333	3	0.3333	0.1512

乡村旅游 市场效应 C2	乡村旅游 接待人数 C21	乡村旅游 综合收入 C22	乡村旅游 产品销售 C23	乡村居民 人均收入 C24	Wi
乡村旅游综合收入 C22	3	1	3	0.3333	0.2653
乡村旅游产品销售 C23	0.3333	0.3333	1	0.2	0.0752
乡村居民人均收入 C24	3	3	5	1	0.5083

注：一致性比例＝0.0742，λ_{max}＝4.1981。

表 4-16 乡村旅游环境效应 C3 判断矩阵处理

乡村旅游环境效应 C3	乡村旅游环境保护 C31	乡村旅游环境安全 C32	Wi
乡村旅游环境保护 C31	1	0.3333	0.2500
乡村旅游环境安全 C32	3	1	0.7500

注：一致性比例＝0.0000，λ_{max}＝2.0000。

（二）计算综合权重值

1. 检查判断矩阵

对各个专家的问卷数据进行判断矩阵构建，对判断矩阵进行检查，对标记项进行自动补全或使用均值处理，并对数据的一致性（CR 值）进行检验，从而确保每位专家的数据符合层次分析法（AHP）运算要求。

2. 专家权重分配

在层次分析权重赋值过程中，可以根据实际情况对不同类别专家的评价权重值进行合理分配，从而进一步提高结果的科学有效性。本研究所收集的数据来自乡村旅游领域中高级职称或职务人员，为确保权重值的真实性，采用平均权重值对各专家指标赋值进行计算。

3. 均值方法选择

在专家权重分配基础上，对计算均值方法进行选择，目前权重均值计算主要方法有算术平均值：$\bar{x} = \dfrac{x_1 + x_2 + \cdots + x_n}{n}$，几何平均值：$G = \sqrt[n]{x_1 \cdot x_2 \cdots x_n}$。算术平均值用于描述数据的集中平均趋势，受极值影响较大；几何平均值受数据极大值或极小值的影响较小，因而本书采用几何平均值进行计算。

4. 判断矩阵集结

专家群决策集结方式包含计算结果集结与判断矩阵集结，计算结果集结是对所有专家判断矩阵计算得到权重后（计算结果），运用算术平均数完成数据集结；判断矩阵集结是指对每个专家的判断矩阵进行等级或数值平均处理，得到集合后的判断矩阵，再计算每个矩阵的权重值和总排序权重。在前文基础上，本书选择判断矩阵集结方式计算得出专家群决策结果，如表4-17至表4-28所示。

表4-17　　　集结后的判断矩阵—乡村综合旅游资源评价 U

乡村综合旅游资源评价 U	乡村旅游资源条件 A	乡村旅游资源开发 B	乡村旅游资源效应 C	Wi
乡村旅游资源条件 A	1	2.75	1.75	0.4251
乡村旅游资源开发 B	1.1	1	0.4167	0.2150
乡村旅游资源效应 C	1.1667	2.5	1	0.3598

注：对"乡村综合旅游资源评价 U"的权重：1.0000。

表4-18　　　集结后的判断矩阵—乡村旅游资源条件 A

乡村旅游资源条件 A	乡村旅游资源要素价值 A1	乡村旅游资源影响力 A2	Wi
乡村旅游资源要素价值 A1	1	1.25	0.5000
乡村旅游资源影响力 A2	1.25	1	0.5000

注：对"乡村综合旅游资源评价 U"的权重：0.4251。

表4-19　　　集结后的判断矩阵—乡村旅游资源开发 B

乡村旅游资源开发 B	乡村旅游通达性 B1	乡村旅游基础设施 B2	乡村旅游经济结构 B3	Wi
乡村旅游通达性 B1	1	1.6667	0.4167	0.2529
乡村旅游基础设施 B2	1.6667	1	1.1667	0.3236
乡村旅游经济结构 B3	2.5	1.75	1	0.4235

注：对"乡村综合旅游资源评价 U"的权重：0.2150。

表 4-20　　　集结后的判断矩阵—乡村旅游资源效应 C

乡村旅游资源效应 C	乡村旅游社会效应 C1	乡村旅游市场效应 C2	乡村旅游环境效应 C3	Wi
乡村旅游社会效应 C1	1	1.75	0.5	0.2799
乡村旅游市场效应 C2	1.1667	1	0.4167	0.2296
乡村旅游环境效应 C3	2	2.5	1	0.4905

注：对"乡村综合旅游资源评价 U"的权重：0.3598。

表 4-21　　　集结后的判断矩阵—乡村旅游资源要素价值 A1

乡村旅游资源要素价值 A1	资源观赏游憩使用价值 A11	资源历史文化科学艺术价值 A12	资源珍稀奇特程度 A13	资源规模、丰度与几率 A14	资源完整性 A15	Wi
资源观赏游憩使用价值 A11	1	1.25	3	3	3	0.3298
资源历史文化科学艺术价值 A12	1.25	1	3	3	3	0.3298
资源珍稀奇特度 A13	0.3333	0.3333	1	2.5	2.5	0.1564
资源规模、丰度与几率 A14	0.3333	0.3333	0.4167	1	1.25	0.0920
资源完整性 A15	0.3333	0.3333	0.4167	1.25	1	0.092

注：对"乡村综合旅游资源评价 U"的权重：0.2126。

表 4-22　　　集结后的判断矩阵—乡村旅游资源影响力 A2

乡村旅游资源影响力 A2	资源知名度和影响力 A21	资源适游期或使用范围 A22	Wi
资源知名度和影响力 A21	1	3	0.750
资源适游期或使用范围 A22	0.3333	1	0.2500

注：对"乡村综合旅游资源评价 U"的权重：0.2126。

表 4-23　　　集结后的判断矩阵—乡村旅游通达性 B1

乡村旅游通达性 B1	乡村旅游区位条件 B11	乡村旅游可进入性 B12	乡村旅游参与度 B13	Wi
乡村旅游区位条件 B11	1	0.3333	0.3333	0.1396
乡村旅游可进入性 B12	3	1	2	0.5278
乡村旅游参与度 B13	3	0.5	1	0.3325

注：对"乡村综合旅游资源评价 U"的权重：0.0544。

表 4-24 集结后的判断矩阵—乡村旅游基础设施 B2

乡村旅游基础设施 B2	乡村旅游交通设施 B21	乡村旅游接待设施 B22	乡村文化旅游娱乐设施 B23	乡村旅游安全设施 B24	Wi
乡村旅游交通设施 B21	1	1.75	1.75	0.3333	0.2020
乡村旅游接待设施 B22	1.1667	1	1.75	0.4167	0.1874
乡村文化旅游娱乐设施 B23	1.1667	1.1667	1	0.2667	0.1549
乡村旅游安全设施 B24	3	2.5	4	1	0.4557

注：对"乡村综合旅游资源评价 U"的权重：0.0696。

表 4-25 集结后的判断矩阵—乡村旅游经济结构 B3

乡村旅游经济结构 B3	乡村旅游经济发展水平 B31	乡村旅游产业结构 B32	乡村旅游从业人员 B33	乡村旅游政策因素 B34	Wi
乡村旅游经济发展水平 B31	1	2.5	1.75	0.3333	0.2292
乡村旅游产业结构 B32	0.4167	1	1.25	0.3333	0.1346
乡村旅游从业人员 B33	1.1667	1.25	1	0.3333	0.1712
乡村旅游政策因素 B34	3	3	3	1	0.4650

注：对"乡村综合旅游资源评价 U"的权重：0.0911。

表 4-26 集结后的判断矩阵—乡村旅游社会效应 C1

乡村旅游社会效应 C1	乡村旅游就业率 C11	乡村旅游公共服务 C12	乡村乡风文明建设 C13	乡村旅游综合管理水平 C14	乡村游客满意度 C15	Wi
乡村旅游就业率 C11	1	1.6667	0.5	1.6667	0.5	0.1601
乡村旅游公共服务 C12	1.6667	1	1.25	1.25	0.5	0.1712
乡村乡风文明建设 C13	2	1.25	1	1.75	0.4167	0.1882
乡村旅游综合管理水平 C14	1.6667	1.25	1.1667	1	0.3333	0.1602
乡村游客满意度 C15	2	2	2.5	3	1	0.3203

注：对"乡村综合旅游资源评价 U"的权重：0.1007。

表 4-27 集结后的判断矩阵—乡村旅游市场效应 C2

乡村旅游市场效应 C2	乡村旅游接待人数 C21	乡村旅游综合收入 C22	乡村旅游产品销售 C23	乡村居民人均收入 C24	Wi
乡村旅游接待人数 C21	1	0.4167	0.5	0.3333	0.1068

续表

乡村旅游市场效应 C2	乡村旅游接待人数 C21	乡村旅游综合收入 C22	乡村旅游产品销售 C23	乡村居民人均收入 C24	Wi
乡村旅游综合收入 C22	2.5	1	1.75	0.4167	0.2461
乡村旅游产品销售 C23	2	1.1667	1	0.4167	0.2071
乡村居民人均收入 C24	3	2.5	2.5	1	0.4400

注：对"乡村综合旅游资源评价 U"的权重：0.0826。

表 4-28　　　　集结后的判断矩阵—乡村旅游环境效应 C3

乡村旅游环境效应 C3	乡村旅游环境保护 C31	乡村旅游环境安全 C32	Wi
乡村旅游环境保护 C31	1	1.75	0.5505
乡村旅游环境安全 C32	1.1667	1	0.4495

注：对"乡村综合旅游资源评价 U"的权重：0.1765。

5. 综合权重值排序

本书通过对旅游学、地理学、规划学、社会学等领域的 30 余位专家学者的问卷调查，确定了评价指标的权重赋值，并运用层次分析法（AHP）计算出评价指标的综合权重值（见表 4-29）。在进行问卷处理时，对判断矩阵的 CR 值进行测算，本书所涉及每个专家的判断矩阵 CR 值和 CR_k 值均小于 0.1，表明判断矩阵通过一致性检验，权重赋值具有较高的信度（潘丽平，2007）。

表 4-29　　　　乡村综合旅游资源评价指标综合权重

综合评价层	权重值（位次）	要素评价层	权重值（位次）	因子评价层	权重值（位次）
乡村旅游资源条件 A	0.4164 (1)	乡村旅游资源要素价值 A1	0.2450 (1)	资源观赏游憩使用价值 A11	0.0687 (4)
				资源历史文化科学艺术价值 A12	0.0684 (5)
				资源珍稀奇特程度 A13	0.0329 (11)
				资源规模、丰度与几率 A14	0.0192 (15)
				资源完整性 A15	0.0189 (16)
		乡村旅游资源影响力 A2	0.1714 (3)	资源知名度和影响力 A21	0.1561 (1)
				资源适游期或使用范围 A22	0.0520 (6)

续表

综合评价层	权重值（位次）	要素评价层	权重值（位次）	因子评价层	权重值（位次）
乡村旅游资源开发 B	0.2078 (3)	乡村旅游通达性 B1	0.0590 (7)	乡村旅游区位条件 B11	0.0068 (29)
				乡村旅游可进入性 B12	0.0259 (12)
				乡村旅游参与度 B13	0.0163 (19)
		乡村旅游基础设施 B2	0.0493 (8)	乡村旅游交通设施 B21	0.0132 (24)
				乡村旅游接待设施 B22	0.0117 (25)
				乡村文化旅游娱乐设施 B23	0.0109 (27)
				乡村旅游安全设施 B24	0.0335 (10)
		乡村旅游经济结构 B3	0.0994 (5)	乡村旅游经济发展水平 B31	0.0196 (14)
				乡村旅游产业结构 B32	0.0115 (26)
				乡村旅游从业人员 B33	0.0148 (22)
				乡村旅游政策因素 B34	0.0435 (7)
乡村旅游资源效应 C	0.3758 (2)	乡村旅游社会效应 C1	0.1073 (4)	乡村旅游就业率 C11	0.0146 (23)
				乡村旅游公共服务 C12	0.0154 (21)
				乡村乡风文明建设 C13	0.0180 (17)
				乡村旅游综合管理水平 C14	0.0155 (20)
				乡村游客满意度 C15	0.0357 (9)
		乡村旅游市场效应 C2	0.0746 (6)	乡村旅游接待人数 C21	0.0094 (28)
				乡村旅游综合收入 C22	0.0203 (13)
				乡村旅游产品销售 C23	0.0172 (18)
				乡村居民人均收入 C24	0.0377 (8)
		乡村旅游环境效应 C3	0.1939 (2)	乡村旅游环境保护 C31	0.1039 (2)
				乡村旅游环境安全 C32	0.0880 (3)

最终的评价指标综合权重具有以下特征：

综合评价层中，位次第一的乡村旅游资源条件 A 所占综合权重值最多（0.4164），其次是乡村旅游资源效应 C（0.3758），而乡村旅游资源开发 B 所占权重值最小（0.2078）。可以看出，乡村综合旅游资源作为乡村旅游活动三大要素的重要组成——客体，是乡村旅游业发展的根本，其资源价值是效应价值和开发价值的前提基础。

要素评价层中，乡村旅游资源要素价值 A1 所占权重值最大（0.2450），其次为乡村旅游环境效应 C3（0.1939），而乡村旅游基础设施 B2 的权重值最小（0.0493）。对于资源本身而言，资源要素价值是其在一定地域内的核心竞争力，而乡村旅游环境效应是保障乡村综合旅游资源存在的关键因素。在资源评价中，乡村旅游基础设施的影响表现并不明显，因此所占权重最小。

因子评价层中，综合权重值位次排在前三名的分别为资源知名度和影响力 A21（0.1561）、乡村旅游环境保护 C31（0.1039）、乡村旅游环境安全 C32（0.0880）。乡村综合旅游资源的本质特征是吸引力，知名度和影响力的价值在于对游客的吸引功能，而乡村旅游环境效应要素关系着旅游活动的品质。

三 评价标准确定

（一）模糊综合评价标准

模糊综合评价法（FCE）是采用模糊数学的评价方法，运用模糊变换的基本原理，对各项具有相互影响的指标进行多因素决策，从而达到定性问题定量化的目的（潘丽平，2007）。在《国标》的赋分标准中，每一个评价因子被划分为与相应分值相对应的四个等级，因此，本书积极借鉴相关赋值法，采用模糊数学七分制计分法对乡村综合旅游资源进行的综合评价（见表4-30）。具体步骤如下：首先，建立评价集 F =（F1，F2，F3，F4，F5，F6，F7），并赋予其相对应的评价标准 F =（优秀，良好，中等，一般，差，较差，极差）。其次，通过专家问卷调查的方式收集相应评分。再次，将所得评分与结果向量相乘并得出每一层次的得分。最后，将每一层次的得分加和后得出最终评分。在得出乡村综合旅游资源最终的加权评分后，根据加权评分对乡村综合旅游资源等级进行评定。

表 4-30　　　　　乡村综合旅游资源模糊综合评价标准

评价指标	赋分标准（模糊数学七分制）						
资源观赏游憩使用价值 A11	极高	很高	较高	一般	差	较差	极差
资源历史文化科学艺术价值 A12	极高	很高	较高	一般	差	较差	极差
资源珍稀奇特程度 A13	极高	很高	较高	一般	差	较差	极差
资源规模、丰度与几率 A14	特大	重大	较大	一般	低	较低	极低

续表

评价指标	赋分标准（模糊数学七分制）						
资源完整性 A15	完整	良好	较好	一般	低	较低	极低
资源知名度和影响力 A21	闻名	著名	知名	有名	一般	无	负面
资源适游期或使用范围 A22	特大	重大	较大	一般	低	较低	极低
乡村旅游区位条件 B11	优越	良好	中等	一般	差	较差	极差
乡村旅游可进入性 B12	极高	很高	较高	一般	差	较差	极差
乡村旅游参与度 B13	极高	很高	较高	一般	低	较低	极低
乡村旅游交通设施 B21	完善	良好	中等	一般	差	较差	极差
乡村旅游接待设施 B22	完善	良好	中等	一般	差	较差	极差
乡村文化旅游娱乐设施 B23	完善	良好	中等	一般	差	较差	极差
乡村旅游安全设施 B24	完善	良好	中等	一般	差	较差	极差
乡村旅游经济发展水平 B31	极高	很高	较高	一般	低	较低	极低
乡村旅游产业结构 B32	完整	良好	中等	一般	差	较差	极差
乡村旅游从业人员 B33	优秀	良好	中等	一般	低	较低	极低
乡村旅游政策因素 B34	特大	重大	较大	一般	低	较低	极低
乡村旅游就业率 C11	极高	很高	较高	一般	低	较低	极低
乡村旅游公共服务 C12	优秀	良好	中等	一般	差	较差	极差
乡村乡风文明建设 C13	优秀	良好	中等	一般	差	较差	极差
乡村旅游综合管理水平 C14	优秀	良好	中等	一般	差	较差	极差
乡村游客满意度 C15	极高	很高	较高	一般	差	较差	极差
乡村旅游接待人数 C21	极高	很高	较高	一般	低	较低	极低
乡村旅游综合收入 C22	极高	很高	较高	一般	低	较低	极低
乡村旅游产品销售 C23	极高	很高	较高	一般	低	较低	极低
乡村居民人均收入 C24	极高	很高	较高	一般	低	较低	极低
乡村旅游环境保护 C31	完整	良好	中等	一般	差	较差	极差
乡村旅游环境安全 C32	安全	较好	中等	一般	差	较差	极差

（二）等级标准确定

本书采用《国标》中的等级评定制度，将乡村旅游资源评价标准划分成五个评定等级：旅游资源综合评分≥90分为五级乡村综合旅游资源；75—89分为四级乡村综合旅游资源；60—74分为三级乡村综合旅游资源；45—59分为二级乡村综合旅游资源；30—44分为一级乡村综合旅游资源；≤29分为未获等级乡村综合旅游资源。同时，还将乡村综合旅游资源划分为三个不同层次的品级，即普通级乡村综合旅游资源、优良级乡村综合旅游资源和特品级乡村综合旅游资源（见表 4-31）。

表 4-31　　　　　　　　乡村综合旅游资源评价等级标准

等级	分值	品级
五级乡村综合旅游资源	得分区间≥90 分	优良/特品级乡村综合旅游资源
四级乡村综合旅游资源	得分区间 75—89 分	优良级乡村综合旅游资源
三级乡村综合旅游资源	得分区间 60—74 分	优良级乡村综合旅游资源
二级乡村综合旅游资源	得分区间 45—59 分	普通级乡村综合旅游资源
一级乡村综合旅游资源	得分区间 30—44 分	普通级乡村综合旅游资源
未获等级乡村综合旅游资源	得分区间≤29 分	无

　　对于乡村综合旅游资源评价结果的运用，还需要综合考虑区域特色乡村旅游资源、乡村旅游资源保护与开发、乡村旅游经济主导产业、地区产业发展规划等综合因素。例如，村庄有三级以上乡村综合旅游资源或区域特色乡村旅游资源（如节庆—羌历年、餐饮—九大碗、田园风光—稻田画等）或乡村旅游经济主导产业（乡村农副产品）等，在乡村振兴中可优先发展乡村旅游产业，或将乡村旅游业作为副业、培育产业进行打造。

　　根据评价结果，对于乡村综合旅游资源的开发打造，需注重保留乡土性，从以下几方面进行优化：一是加强宣传营销，做好节庆活动宣传（利用现代新媒体技术）、营销（制定旅行社团队、散客营销方案）工作，不断扩大知名度。二是扩大商品类型：引入展销会等形式商铺，扩大旅游经济收入。三是打造特色活动：结合当地特色，推出亲子娱乐、乡村休闲、乡土味道等活动，延长节庆活动时间。四是推出特色餐饮，以"绿色""无污染"等乡村食材为原料，结合传统文化和现代工艺，以农家乐等形式提供餐饮消费。五是开发夜间旅游，利用乡村自然环境，以露营、帐篷、房车等方式开展夜间旅游，增加过夜游客。六是销售旅游产品，以"旅游伴手礼"为核心，从食住行游购娱、商养学闲情奇等方面，结合乡村土特产、乡土记忆、乡村文化开发销售系列旅游产品。七是加强新业态、新产品、新模式的开发打造。

第五章

乡村旅游资源规划与开发

随着乡村旅游资源普查和评价工作的逐渐完成，以及旅游者数量的逐渐增多和多样化、个性化的游客需求日益明显，乡村旅游资源的加速开发也日趋紧迫。尤其是在旅游业竞争白热化的当今，充分发挥乡村旅游资源的多种功能，开发具有地方特色的乡村旅游资源已成为乡村旅游业在激烈的区域市场竞争中取胜的关键，而科学的旅游资源开发必须建立在系统完善的旅游规划上。而且乡村振兴，规划先行。2018 年 9 月，中共中央、国务院印发了《乡村振兴战略规划（2018—2022 年）》，要求各地区各部门结合实际认真贯彻落实；2019 年 1 月 4 日，中央农办、农业农村部、自然资源部、国家发展改革委、财政部联合发布《关于统筹推进村庄规划工作的意见》，明确把加强村庄规划作为实施乡村振兴战略的基础性工作；2019 年 5 月 29 日，为促进乡村振兴战略深入实施，自然资源部发布《关于加强村庄规划促进乡村振兴的通知》，要求各省份做好新时代的村庄规划编制和实施管理工作。各省份为贯彻落实中央关于乡村振兴规划的部署，也相继出台了相关文件。如四川省为做好村庄规划编制和实施管理工作，四川省自然资源厅于2019 年 5 月正式下发了《四川省自然资源厅关于做好村规划编制工作的通知》和《四川省村规划编制技术导则（试行）》，标志着四川省村级单位乡村振兴规划编制工作的正式启动。在这些村庄中，最需要进行乡村规划的当属脱贫村，其农民老龄化、兼业化与农村空心化、衰败化问题突出，农村新产业、新业态培育还需加力，农村产业发展后劲有待提升，成为实施乡村振兴战略的最大短板。为补齐短板、建立脱贫村稳定脱贫的长效机制，编制好用、管用、实用的"多规合一"的村庄规划是打通脱贫攻坚与乡村振兴的结合难点，积极推动脱贫村乡村振兴的重要手段。

因此，乡村旅游资源规划作为村庄规划的重要组成部分，应按照"产业兴旺、生态宜居、乡风文明、治理有效、生活富裕"的总要求，抓重点、补短板、强基础。统筹推动脱贫村的产业振兴、人才振兴、文化振兴、生态振兴和组织振兴，力争成为乡村旅游业发展和乡村振兴战略实施的重要支撑。

第一节　乡村旅游规划要求

一　乡村旅游规划的地位与原则

（一）地位

规划是对未来行动的合理组织与安排。旅游规划是指在一系列的资源调查、分析和评价的基础上，为旅游目的地制定的旅游发展目标体系，以及与该目标体系配套的具体安排和战略部署。旅游规划能够调动社会及政府部门的资源为旅游发展提供所必需的人力、物力、基础设施和自然及文化资源，共同为旅游系统在竞争中的生存与发展服务；旅游规划能够指导旅游系统提高自身内部各要素之间的方向协同性和结构高效性，以增强旅游系统的整体竞争力，加速旅游系统发展进化的历程，避免自然演化的旅游系统所必经的随机性、粗放性、波动性和破坏性的发展道路。

乡村旅游规划与一般的区域规划有显著区别，它更偏重旅游产品的可行性、规划的可操作性、营销的有效性和效益的可实现性，更多表现为产品的创新设计和项目的具体策划。乡村旅游规划是乡村旅游业发展的重要基础和关键支撑，是对划定的乡镇级片区、旅游功能区或其他旅游村（镇）旅游业发展进行的科学谋划，是对旅游空间保护、开发和利用等做出的具体安排，是推进乡村旅游业高质量发展的行动纲领，更是有效衔接和细化国土空间规划的重要载体。

（二）原则

为适应乡村的国土空间特点、产业结构特点和各异的基础条件，科学的乡村旅游规划应遵循以下原则。

1. 多规衔接原则

乡村旅游业的发展离不开充足的项目土地供应，随着《中共中央 国务院关于建立国土空间规划体系并监督实施的若干意见》的印发，中国正式全面开展构建国土空间规划体系并进行监督实施，以"多规合一"为导向，将土地利用规划、城乡规划、主体功能区规划等空间规划融合成统一的国土空间规划，对旅游规划中的土地利用计划具有严格的指导约束作用。可以避免规划朝令夕改、规划内容重叠冲突、规划类型过多、"规划打架"导致的空间资源配置无序、低效等问题。科学的乡村旅游规划应与上位国土空间规划和专项规划实现有效的融合衔接，落实空间布局、重大项目、片区发展方向和各项约束性指标，按照统一标准明确乡村旅游发展的空间位置、范围边界和用地规模，纳入到国土空间规划指标体系中，并达到规划数据化的具体要求。

2. 整体规划原则

旅游业作为关联面广、综合性强的服务产业，旅游资源的规划不仅针对资源本身的规划，还针对资源周边多种要素的规划协调。即在重点规划旅游产品的同时，还需要兼顾规划乡村的"食、住、行、游、购、娱"六大要素的配套支撑。同时，还要考虑资源开发以及消费人流所带来的生态环境的改变及污染。这些都直接关系到旅游目的地经济效益、社会效益以及旅游项目的生命周期。因此，具体的旅游规划要在进行可行性分析的基础上，综合考虑项目实施过程中的多种因素，将规划的各个环节紧密相连，构成一个和谐、统一的整体。

3. 因地制宜原则

旅游规划要充分尊重乡土乡情和地方发展的意愿，在翔实的乡村现状调查基础上，依据乡村的自然本底特色（地理区位、地形地貌、气候条件、资源禀赋、开发条件等）、人口特色（教育程度、年龄结构、就业特点、收入水平等）、发展阶段特色（发达、快速发展、欠发达等不同阶段）、主导功能特色（农业开发、工业制造、能源矿产、商贸金融、生态保护等）、人文特色（城乡风貌、历史遗存、风俗习惯、人文精神等）、集散特色（人口集聚度、集聚方式、空间分布特征等），科学评价旅游目的地旅游发展的适宜性条件。并突出旅游目的地的地方特色，优化旅游空间布局和旅游要素配置，力争通过巧妙的策划设计推动当地的第一、第二、第三产业融合，实现旅游差异化发展。

4. 集约配置原则

旅游规划要以国家政策导向和旅游市场变化为着力点，顺应旅游市场和旅游产业的变化规律及变化趋势，把握未来乡村旅游业发展的路径，使旅游规划具有前瞻性、引领性，盘活乡村建设用地和闲置宅基地、农房，善用土地增减挂钩政策，促进乡村节约、集约、集聚发展，以及人口、资本和土地要素的合理配置。同时，旅游规划要充分发挥旅游中心村（镇）人口集聚、要素齐备、产业集中和功能集成的支撑作用，强化旅游中心村（镇）旅游基础设施、公共服务资源的配置，重点突出、以点带面，引领乡村旅游业集约式发展，避免乡村出现遍地开花、粗放无序的旅游资源开发方式。

二　乡村旅游规划的编制程序

乡村旅游规划作为一种以政府为主导、市场为依托的技术过程，一般情况下按照前期准备、衔接国土空间规划、基础调研、旅游发展适宜性评估、确定规划编制类型、规划编制、审批公告的程序展开工作。

（一）前期准备

首先，组建乡村旅游规划工作专班。其次，制定工作方案，明确参与各方的职责分工、目标任务、时间进度和保障措施。最后，确定规划编制单位，可自行组织编制，也可采用购买第三方服务的方式，选择高水平的专家学者和具有较高水平的企事业单位作为规划编制的技术支撑。

（二）衔接国土空间规划

充分衔接当地的国土空间总体规划，熟悉目标乡村的土地利用现状及未来土地利用规划。将当地国土空间保护、开发、利用等具体内容作为乡村旅游规划项目用地、空间划定和产品打造的重要依据。

（三）基础调研

采取问卷调查、入户访谈、走访座谈、现场踏勘等方法，详细了解目标乡村的旅游资源、基础设施、用地情况等，全面收集与规划相关的基础资料，详细资料清单如表5-1所示。

表 5-1   基础资料收集清单

分类	资源名称	资料描述	备注
测量资料	地形图	片区地形图比例尺宜采用 1∶5000—1∶10000，镇区地形图比例尺宜采用 1∶1000—1∶2000	必备
	片区行政区划图	片区内涉及的各镇（村）行政区划图	必备
	专业图	遥感影像图（航拍图片或卫星图片），分辨率在 0.5—20 米	可选
自然资源资料	地质土壤	地质地貌；地质灾害情况；土壤组成、类型和分布等	必备
	气候	温度、降水、湿度、日照、特殊气候现象等	可选
	水文	所在地区域河流、水库、湿地及地下水等水文资料	可选
	动植物	植物的种类、区系、类型、数量、分布等；动物的种类、种群、分布、活动规律、栖息地等	必备
社会经济和人文资源资料	社会经济	规划区域内乡村社会经济发展现状（包括第一、第二、第三产业产值，人均收入水平等）	必备
	历史人文	规划区域内的人文、历史、民俗、非物质文化遗产等资料	必备
	人口	规划区域内常住居民人口、民族、分布等	必备
	农业情况	规划区域内农作物的构成及土地利用情况，农林牧渔各业的生产情况和产值及农业优势与特色产品	必备
	旅游产业	规划区域内旅游发展现状及特色业态（如农家乐园、养生山庄、花果人家、生态渔庄、创意文园、民族风苑、国际驿站、休闲农庄、森林人家、森林康养基地）、现有旅游品牌等	必备
现有基础设施资料	市政基础设施	包括道路、供水、电力、电信、污水、雨水、热力、燃气、网络等市政基础设施与规划区的接口位置及容量资料	必备
	环境处理设施	包括对规划区产生影响的内部及周边现有污水、土壤、固体废弃物的处理方法和处理设施资料	必备
	闲置资源规模	包括原有行政中心、学校、医院等公共服务设施规模和面积，以及宅基地、滩涂和林地等空闲土地资源规模和面积，建设用地面积等	必备
上位规划资料	国土空间规划	批准和正在执行的国土空间规划	必备
	城乡规划	批准和正在执行的城乡规划	必备
	交通规划	批准和正在执行的道路交通规划	必备

续表

分类	资源名称	资料描述	备注
上位规划资料	环境保护规划	批准和正在执行的环境保护规划，以及各专项环境保护规划资料	可选
	旅游规划	已批准的区域旅游总体规划和乡村旅游专项规划等	必备
	产业规划	已批准和正在执行的产业规划，特别是农业产业规划	必备
	文物保护规划	已公布的文物保护单位的文物保护规划	可选
其他资料	编制规划需要或采购方提供的其他资料及现场照片		

资料来源：《四川省乡镇级旅游规划导则（试行）》。

（四）旅游发展适宜性评估

适宜性评估是对片区或镇（村）旅游发展基础条件进行的评价。即在调研的基础上，全面梳理乡村的资源禀赋、基础设施及公共服务、区位条件、政策环境、综合效益及市场影响力等评估指标（见表5-2），对目标乡村进行旅游发展的适宜性评价。

表5-2 旅游发展适宜性评估指标

指标	具体项目	评估说明
区位条件	地理位置	与邻近中心城市的距离
	交通条件	可进入性好，交通设施完善，公路路况良好，进出便捷通畅，有公共厕所与加油站，主要节点及城镇道路上有旅游专用外部交通标识
资源禀赋	主题资源	当地自然资源和人文资源特色明显，质优且规模较大，在全国、省、区域具有一定的独特性、较强的标杆性，利用主题资源打造有特色旅游产品，产品品质较好，吸引力较强，且能够融合地方文化
	资源品质	片区内拥有三级及以上等级的旅游资源数量
	品牌价值	特色自然品牌。片区内拥有世界级（世界自然、灌溉工程、重要农业文化等遗产，世界地质公园，列入联合国生物多样性保护圈等）和国家级（国家公园、自然保护区、风景名胜区、森林公园、地质公园、草原公园、湿地公园、水利风景区、农业遗产、矿山公园、河湖公园、农业公园、示范农业主题公园、气象公园、中国天然氧吧、园林城市、森林城市等）、省级自然资源，且保护良好、有效利用的品牌

续表

指标	具体项目	评估说明
资源 禀赋	品牌价值	特色人文品牌。片区内拥有世界级（如世界文化、非物质文化遗产等）、国家级［如文物保护单位、工业遗产、非物质文化遗产名录项目、国家考古遗址公园、国家一级博物馆、国家一级图书馆、国家（省级）文化生态保护（实验）区、历史文化名城镇村、历史文化街区、传统村落等］、省级（文物保护单位等）文化资源且保护良好、有效利用的品牌
		特色景区品牌。片区内 A 级旅游景区、生态旅游示范区、旅游度假区数量
		乡村旅游品牌。片区内与乡村旅游相关的品牌数量
基础 设施及 公共 服务	片区风貌	片区空间尺度、肌理、形态符号、色彩构成、材料特色、文化显性形态等
	闲置资源	片区内原有行政中心、学校、医院等公共服务设施、农村空闲房屋、集体建设用地、文物保护单位、工业遗产、非物质文化遗产
	基础设施	片区内给排水、电力、交通运输、燃气、通信、环境卫生、防灾等设施建设较为完善，注重人性化服务
	服务设施	片区内拥有旅游咨询点、标识系统、旅游厕所、停车场、便民服务等服务设施布局，且设施功能有效
政策 环境	政策扶持 力度	当地党委政府对发展文化和旅游业高度重视，明确将旅游业作为片区支柱产业或先导产业，建立起党政主要负责人牵头、社会参与的文化旅游发展体制机制。制定并有效实施促进文化和旅游业发展的政策措施
	管理机构 和机制	具备旅游业管理专门机制，人员配备较为完整，有较为完善的管理制度
	市场秩序	旅游综合监管制度机制建立情况；文化市场综合执法运行机制；市场整治、旅游安全、游客满意度、投诉处理、应急处置等情况
综合 效益及 市场 影响力	综合效益	接待游客人次
		旅游收入
	知名度	进行游客抽样调查（新媒体指数）

注：该指标体系引自《四川省乡镇级旅游规划导则（试行）》，适用于县域片区划分后适合旅游业发展的旅游片区，以及旅游中心镇（村）、旅游建制镇（村）、其他旅游镇（村）。

（五）确定规划编制类型

按照不同的标准，旅游规划可分为多种类型。根据旅游发展的阶段，可分为开发性旅游规划、发展性旅游规划、调整性旅游规划；从空间维度来看，可分为区域旅游规划、目的地旅游规划、旅游区规划；按照旅游规划的内容，可分为旅游综合规划、旅游专题规划；从规划使用的技术方法来看，可分为发展总体规划、控制性详细规划、修建性详细规划；按照规划层次的不同，也可分为旅游发展总体规划、旅游发展详细规划和旅游发展概念性规划。

由于乡村的旅游规划属于一种特殊类型，与一般的景区规划和城市旅游规划存在较大差别，按照旅游规划主管部门的导则要求，四川省乡、镇一级的乡村旅游规划一般包括旅游发展规划、旅游规划专章和旅游产品建设规划三个层次。其中，旅游发展规划应该由旅游片区编制，旅游规划专章可由其他具备一定旅游发展条件的片区在国土空间总体规划中编制，旅游产品建设规划可由旅游镇（村）编制。

（六）规划编制

在上位规划明确的空间格局和管控要求下，确定乡村旅游规划的目标、定位和思路，在优化乡村旅游空间布局，构建系统的乡村旅游产品体系，完善旅游基础配套设施，提升旅游业管理服务等基础上完成乡村旅游规划方案。邀请行业高水平专家学者审查规划，征求部门、镇村、乡贤、涉旅企业、群众等意见，对完成的规划方案进行充分论证，确保规划的科学性和可操作性。

（七）审批公告

规划通过评审后，应在报批前进行公示，再次广泛征求意见。旅游发展规划由市县级文化和旅游主管部门组织评审后，报市县人民政府审批实施。旅游产品建设规划，经县级文化和旅游主管部门组织评审后，由相应乡镇人民政府组织实施。

三 不同规划编制类型的技术要求

（一）旅游发展规划的技术要求

旅游发展规划是指根据区域旅游业的历史、现状和市场要素的变化所制定的目标体系，以及为实现该目标体系而对各种旅游发展要素所做的安排。规划期限一般为5年以上，着重确定区域旅游业的发展战略、思路、定位和目标，注重区域旅游资源和环境的保护，重点突出区域旅游资源特色。作为乡村旅游规划体系中层次最高的总纲领，旅游发展规划一般要具有以下技术要素（见表5-3）。

表5-3　　　　　　　　　　旅游发展规划技术要求

序号	技术要求（要素）	详细描述
1	规划总则	明确规划的背景、意义、范围、期限、依据等
2	规划衔接	充分衔接区域国土空间规划等上位规划，有机融合功能定位、总体格局、三区三线、规划分区与用地布局等内容，落实区域上位规划的约束性指标要求
3	适宜性评估	运用区域旅游资源普查成果，综合考虑区域交通区位、气候条件、设施条件、产业基础、旅游热度等旅游开发评价因子，进行旅游资源、旅游发展适宜性"双评价"，梳理镇（村）旅游发展的优势机遇和问题挑战（SWOT分析）
4	规划定位与目标	根据上位规划要求和当地经济社会发展实际，结合区位交通、经济社会情况，突出旅游资源特色，确定镇（村）旅游产业发展战略、思路、定位和目标
5	旅游用地规划	构建结构清晰、目标明确、重点突出的旅游产业总体格局。划定功能分区，明确分区定位、范围、面积。深化分区内各类旅游用地的位置、范围、规模，策划重点旅游项目
6	旅游产品规划	推进区域文旅深度融合，探索"+旅游"产业融合发展，创新旅游新业态，优化旅游产品结构，构建适应时代发展、符合区域实际的旅游产品体系，规划精品旅游线路，形成片区内旅游线路和跨区域旅游线路产品
7	旅游基础与公共服务设施规划	区域内旅游交通、咨询服务、标识系统、旅游厕所等旅游基础与公共服务设施应因地制宜、合理配置（见表5-4）
8	旅游宣传营销规划	创新宣传营销方式，拓宽宣传营销渠道，培育特色旅游品牌。策划常态化旅游节庆赛事，强化宣传营销在旅游发展中的作用
9	旅游环境整治提升规划	综合生态保护红线，分类提出旅游环境保护措施和管控要求。完善旅游安全应急机制、旅游投诉处理、旅游市场管理、文明旅游建设等方面的具体措施
10	规划实施保障	梳理规划重点旅游项目，旅游基础设施建设时序、投资估算，进行旅游发展效益评价。明确规划实施在体制机制、支持政策、资金保障、人才培养等方面的规划建议

表5-4　　　镇（村）旅游基础与公共服务设施规划详细要求

序号	镇（村）类型	各类型定义	详细要求
1	旅游中心镇	县域片区划分确定的中心镇内，区位优势突出、旅游业实力较强、旅游服务基础条件较好、旅游发展潜力较大，辐射带动周边乡镇旅游业共同发展的建制镇	原则上配置1个旅游服务咨询中心、1条二级及以上等级的旅游公路、1个A级旅游厕所、1个基层文化旅游公共服务中心、1个节庆活动场所、1个旅游商品集市、1个镇（乡）文化体验场所、1个规范化停车场、1套符合国标的标识系统9类设施

续表

序号	镇（村）类型	各类型定义	详细要求
2	旅游中心村	县域片区划分确定的中心村内，优势突出、基础条件较好、旅游发展潜力较大的建制村（社区）	可配置1条四级双车道及以上等级的旅游公路、1个A级旅游厕所、1个村级文化旅游公共服务中心、1个村级文化体验场所、1个规范化停车场、1套符合国标的标识系统6类设施
3	旅游建制镇	除旅游中心镇外，片区内适合旅游业发展的其他建制镇	原则上可配置1条三级及以上等级的旅游公路、1个旅游集散点、1个基层文化旅游公共服务中心、1个规范停车场、1个旅游厕所、1套标识系统6类设施
4	旅游建制村	除旅游中心村外，片区内适合旅业发展的其他建制村（社区）	原则上可配置1个旅游志愿者咨询服务点、1个规范停车场、1个旅游厕所、1套标识系统4类设施
5	其他旅游镇（村）	在乡镇行政区划和村级建制调整改革前成功创建全国乡村旅游重点镇（村）、天府旅游名镇（村）、历史文化名镇（村）、中国传统村落的镇（村）等品牌，改革后为非建制镇（村）的区域	按照相关标准完善建设旅游服务设施

（二）旅游产品建设规划的内涵及技术要求

旅游产品建设规划是指综合镇（村）旅游资源优势和旅游市场需求，对镇（村）域内旅游产品进行设计、开发和建设的安排，也是旅游规划中更适用于乡村实际的规划类型。其一般具有7类技术要求（见表5-5）。

表5-5 旅游产品建设规划技术要求

序号	技术要求	详细描述
1	现状评估	明确规划范围、面积、期限、依据。衔接上位规划，落实约束性指标要求。结合区位、自然环境、经济社会发展现状、土地情况、旅游资源、设施现状等条件进行旅游发展适宜性评价，明确旅游核心吸引力，分析发展前景
2	规划定位与发展思路	结合上位规划定位，认清发展潜力和旅游资源特色，综合确定旅游功能区定位、目标与发展思路

续表

序号	技术要求	详细描述
3	用地布局与项目规划	规划旅游空间结构，明确重点旅游项目用地位置、范围、规模，制定建设用地结构规划表，对建筑高度、风格、体量、色彩等提出建设引导，必要时进行平面设计及效果图表达。划定历史文化保护、绿地、水域等控制范围线（紫线、绿线、蓝线）
4	旅游产品及线路规划	深化文旅融合，创新旅游产品定位、项目策划、游赏方式与服务内容，设计组织业态丰富、配套完善的旅游产品线路
5	旅游基础与服务设施规划	规划旅游交通结构，明确旅游公路等级、设计要求与配套设施。科学预测供水、排水、供电、燃气、通信、垃圾处理等需求量，确定各类设施用地位置与建设规模。规划旅游咨询、标识系统、旅游餐饮、旅游住宿、旅游购物等旅游服务设施的数量、规模及位置
6	旅游管理与服务规划	明确运营模式和社区参与机制，做好旅游宣传营销，加强市场监管与人才培养，完善旅游安全、环境保护等方面的具体措施
7	投资效益分析	明确各类旅游设施、基础设施、公共服务设施等建设项目的规模、造价和出资主体等，进行投资效益分析

（三）旅游规划专章的内涵及技术要求

依据区域资源禀赋、发展水平和目标定位，规划片区可被分为旅游主导片区和一般涉旅片区。旅游主导片区需要编制旅游发展规划，而一般涉旅片区则可以在国土空间总体规划等其他规划中编制旅游规划专章。

旅游规划专章应包括旅游发展适宜性评估、旅游发展思路与目标定位、旅游空间布局与用地规划、旅游产品体系规划、旅游基础与公共服务设施规划、旅游宣传营销规划、旅游环境整治提升规划等内容。

四 规划图件要求

规划图件要明确表示项目名称、图号、图例、比例尺、绘制时间和规划编制单位等要素。不同规划类型所应提交的图件种类也不相同。

（一）旅游发展规划需制作的图件

1. 规划区位图

用于表示片区地理区位、交通区位和旅游区位。

2. 旅游发展适宜性分析图

用于表达片区中旅游发展适宜区、旅游发展较适宜区和一般发展区等不同分区。

3. 旅游总体布局图

用于表达片区旅游产业发展总体格局，布局重点旅游中心镇（村）、旅游功能区、产业融合发展区的位置、范围、规模，一般须附《旅游业发展指引一览表》。

4. 旅游用地规划图

主要用于表达涉旅各类用地规划布局，一般须附《乡镇级片区涉旅用地结构表》；旅游中心镇（村）旅游产业发展用地、旅游功能区建设用地规模小于 1 平方千米时，须提出规划控制要求和指标，无须单独编制控制性详细规划。

5. 旅游产品规划图

主要用于表达旅游产品类型、旅游线路走向、核心旅游项目等。

6. 旅游交通及设施规划图

主要用于表达旅游交通服务设施、旅游基础服务设施、旅游公共服务设施布局。

7. 其他规划图

依据需要绘制，包括旅游线路游赏图、近期建设规划图等。

（二）旅游产品建设规划需制作的图件

作为一种更具体、更详细的旅游规划，其需要的规划图件与旅游发展规划明显不同，主要图件如下所示。

1. 旅游现状图

用于表达旅游产品现状用地布局、类别、规模。

2. 旅游空间布局图

用于表达旅游空间布局结构，优化旅游用地布局、类别、规模、范围，一般须附《旅游产品用地结构表》。

3. 旅游项目用地规划图

用于表达项目用地范围、位置和规模。

4. 游赏线路规划图

用于表达旅游线路产品、线路走向、旅游项目布局。

5. 旅游道路规划图

用于表达旅游道路设施规划，包含道路交通、各类旅游交通服务设施布局。

6. 基础设施与服务设施规划图

用于表达水、电、气等基础设施规模、布局和线路走向，以及旅游咨询服务、旅游厕所、标识标牌、旅游餐饮、住宿、购物等设施布局。

7. 其他规划图

依据规划需要绘制，包括开发强度规划图、控制线规划图、重点项目效果图等。

第二节　乡村旅游资源开发路径

乡村旅游资源开发是指以市场需求为导向，以区域旅游资源为核心，以发展乡村旅游业为前提，以提高旅游资源的对客吸引力为着力点，有组织、有计划地对旅游资源加以利用的经济技术系统工程（王庆生，2015），是将潜在旅游资源优势转化为现实经济效益，并使旅游活动得以实现的技术经济行为。其实质是通过对旅游资源的挖掘、加工，满足旅游者的各种需求，实现资源经济、社会和生态价值的目的（马勇等，2018）。乡村旅游资源开发一般包括选择开发主体、确定开发模式、优化开发方式、打造创新产品、丰富相关业态、开拓旅游市场等路径，可概括为以下八个方面。

一　严选头雁，实现人才兴业

乡村旅游资源开发，关键在于人。马克思主义历史观认为，人民群众是历史的真正创造者。习近平总书记指出，"人民是历史的创造者，是决定党和国家前途命运的根本力量"（习近平，2017）。因此，在旅游资源开发过程中，选择带头人尤为重要。"头雁"原意是领头的大雁，现多指担任引导、带领群体重要角色的领头人。2022年3月，农业农村部、财政部联合印发了《乡村产业振兴带头人培育"头雁"项目实施方案》，方案指出，原则上每年全国培育约2万名"头雁"，力争用5年时间培育一支10万人规模的乡村产业振兴"头雁"队伍，带动全国新型农业经营主体形成"雁阵"。此后，各省份开始相继开展"头雁"项目。河南省从2022年开始遴选一大批青年农场主、基层农技人员、农业经理人、新型职业农民等进行"头雁"培育，委派专家导师持续跟踪帮扶，帮助乡村产业振兴带头人担当起联农带农的历史使命（赵翠萍和冯春久，2023）。陕西省从 2022 年开始，委托全国"双一流"建设高校和陕西省现代农业培训中心落实"头雁"项目，"头雁"们的理念得到更新，增收能力得到加强，示范带动作用更广。在各自的产业发展中，均发挥了积极作用（李美杰等，2023）。湖南省通过配强培育机构、做好学员遴选、强化专业特色、延伸培育价值链，按照"累计一个月集中授课、一名导师帮扶指导、一学期线上学习、一系列考察互访"的培育模式，对"头雁"开展定制化培育。2022 年，共成功培育了 820 名"头雁"，取得了良好培育效果（姜太军，2023）。

　　"头雁"带动乡村旅游开发的最典型案例是"陕西省袁家村"。袁家村位于陕西礼泉县，当地居民共 286 人。20 世纪 70—90 年代，村民主要靠种果树和在村集体水泥厂上班获得收入，随着该村集体经济的衰落，生活来源受阻。村党组织书记审时度势，决心将村子的主导产业向旅游业转型，并定位为乡村的"民俗旅游"。其带领村民兴办农家乐，使村民获得收入来源；根据旅游市场的变化，兴建小吃街，带动本村及邻村就业增收；成立合作社，平衡村民之间的利益冲突；创新旅游业态，实施多元化的发展战略。发展至今，袁家村的年接待游客量超过 550 万人次，年收入近 10 亿元，村民人均纯收入在 10 万元以上，旅游发展取得了显著成效。在村子发展的每一阶段，村党组织书记都总揽全局，带领一支懂农业、爱农村、爱农民的"三农"服务队，领导全体村民发展乡村旅游，实现脱贫致富，体现了产业带头人在乡村旅游资源开发中的关键作用（徐虹和王彩彩，2019）。

　　村子要开发乡村旅游资源，必须确定乡村产业振兴带头人（"头雁"）。首先，可以从村党支部、村民委员会中优先遴选具有旅游业从业经历、经营管理能力突出、综合素质较高的基层管理干部作为乡村旅游开发的带头人，充分发挥党员干部的模范带头作用，带领村集体通过发展乡村旅游实现乡村产业振兴。其次，重视从新乡贤中选拔产业带头人。新乡贤是指具有较高的村庄治理意愿和治理能力，积累了一定资源和人脉，能够动员和组织村民，热心为村镇做贡献的乡村精英。其通过在外学习和实践已经具有较完善的知识结构和体系，掌握了一定的现代化技术，能够将先进的理念和致富项目带回乡村，能够担当改造乡村面貌和发展乡村产业的重任，是乡村发展的内生性动力。尤其应选拔具有创业经验、善于引进资金和技术、擅长运用新媒体等技术手段的新乡贤，推动乡村旅游产品走出去，扩大乡村旅游产品影响力，进而帮助乡村形成特色产业，解决农村人口就业问题，带动乡村经济发展和人口结构改善，切实成为乡村致富的"带头人"。再次，在当前大学生就业压力增大的背景下，应持续实施人才"回引计划"，通过各种政策吸引高学历人才返乡就业创业，作为乡村"头雁"队伍的储备人才，优化乡村基层组织人员结构。最后，形成一支包括优秀党员干部、新乡贤、致富大户、高校大学生、退伍军人等各类精英的乡村产业振兴"头雁"队伍，促进包括旅游产业在内的乡村产业振兴。

二 创新模式，发展集体经济

在乡村旅游开发初期，政府主导的乡村旅游开发模式可以有效解决开发初期的资金缺乏和基础配套不足等问题，如加大乡村交通、供水、供电等基础设施投入，为乡村旅游资源开发提供基础保障，或通过政府信用吸引社会资本积极参与乡村旅游开发。这种模式能够解决资本逐利性导致的重复开发和恶性竞争等乱象的负面影响，推动乡村旅游持续快速发展。脱贫地区由于自身经济条件的先天不足，应该尤其重视这种开发模式和政府政策的作用，补好当地乡村旅游发展的基础。2020年12月，为进一步巩固拓展脱贫攻坚成果，推动脱贫地区发展和乡村全面振兴，中共中央、国务院提出了《关于实现巩固拓展脱贫攻坚成果同乡村振兴有效衔接的意见》，将设立5年过渡期，要求做好过渡期内领导体制、工作体系、发展规划、政策举措、考核机制等有效衔接。并提出支持脱贫地区乡村特色产业发展壮大、促进脱贫人口稳定就业、持续改善脱贫地区基础设施条件、进一步提升脱贫地区公共服务水平等重点工作。脱贫地区要充分利用过渡期的帮扶政策，争取更多的政府主导的开发建设项目，进一步补齐乡村旅游开发短板，打好旅游产业发展"地基"。随着乡村旅游开发的深入和过渡期的结束，脱贫地区应该逐步弱化政府主导的开发模式，转变为以市场为主导的开发模式，利用市场提高资源配置效率，增强其他社会主体的积极性和主动性，进而激活乡村旅游生命力。同时，改变传统要素驱动的发展模式，转而注重科技创新要素的投入以及投入要素效率的提升，以乡村旅游发展质量为导向，创新资本、土地、劳动力等要素配置，如从初级的乡村"农家乐"形式向多元旅游产业体系发展，不断优化旅游产业结构，支撑乡村旅游内涵式高质量发展。

壮大村级集体经济是推动乡村旅游开发、振兴乡村产业和建设乡村共同富裕的关键。传统的乡村旅游资源开发更多的是自发式的经营活动，缺乏相应的利益协调和资源调配机制。尤其是流入乡村的外来旅游经营资本，其借助资本的强势地位和资源优势，可能剥夺村民应得的土地收益，挤压乡村当地居民的增收空间。一些参与能力不足的村民不仅无法从乡村旅游开发中获得相应收益，还可能被动承受由公共资源无序开发导致的污水乱排、垃圾乱堆乱放等"公地悲剧"。这种乡村旅游开发空间分布和村民参与能力的不均衡，可能会进一步拉大村民间的贫富差距，不利于实现乡村振兴和共同富裕。农村集体经济是与中国特色社会主义市场经济体制相适应，农民自愿组织起来的，组织内实行民主管理，组织外采用市场化运作，所得收益实行按劳分配与要素分配相结合的一种公有制经济。

农村集体经济的发展与村民生活水平的提高存在明显的正向关系，集体经济的发展，不仅可以增加村民收入、减轻村民负担，还能促进村民福利的改善。发展集体经济，就要将村庄作为一个功能齐全、配套完整的旅游目的地来规划、建设和运作，做到人人参与旅游、人人享受成果、处处是旅游环境。成立以家庭为单位的乡村旅游开发专业合作社，在产业振兴带头人（"头雁"）的带领下，将分散的农户联合起来组成利益共同体，实现旅游产品开发、品牌营销策划、生产资料购买、技术信息服务等的统一，避免恶性竞争，促进乡村旅游资源的合理配置。同时，确保村民在乡村旅游开发中的主体地位，从机制层面保障村民能够分享到乡村旅游发展的成果，最终实现乡村振兴和共同富裕。

三 文化强旅，打造文化内核

文化和旅游这两种社会活动自诞生之初就有着密不可分的联系。各种旅游活动都是文化活动的一部分，文化动机则是人们旅游出行的核心驱动力。随着社会经济文化的发展，文化和旅游的内在联系更加紧密。进入21世纪，越来越多的学者开始关注文化和旅游的相互融合。

苏林忠（2007）就提出文化和旅游融合是事物的本质属性。他认为，文化作为旅游的灵魂，为旅游提供不竭的源泉。旅游作为文化的载体，传承和创造着文化。相互融合共同发展，是两者发展的趋势。故促进文化和旅游融合、推动文旅产业的发展是尊重事物客观规律的正确选择。李树国（2008）从政府部门的角度提出文化资源的挖掘与旅游资源的开发相互融合，可以做大做强当地的文旅产业，促进经济更好发展。张海燕和王忠云（2010）在产业融合理论的基础上，对旅游与文化的产业边界作出了界定，并构建了两大产业的互动融合机制。并从价值链的角度分析了旅游产业与文化产业融合的过程，还提出了通过体制观念整合引导市场整合，进而促进资源整合的产业融合发展路径。

2018年3月13日，国务院机构改革方案提出"将文化部、国家旅游局的职责整合，组建文化和旅游部，作为国务院组成部门"。其主要职责包括：贯彻落实党的宣传文化工作方针政策，研究拟定文化和旅游工作政策措施，统筹规划文化事业、文化产业、旅游业发展等，文化和旅游正式启动了系统化的融合工程。

以上表明，"文化强旅"已经成为旅游产业的现实发展方向。乡村旅游要想实现科学、高速和跨越式的发展，就必须坚持"文化强旅""文旅融合"的核心思想，以文塑旅、以旅彰文，明确旅游发展的文化导向和文化深入，加速本地乡村旅游业的提质增效和转型升级。

文化的表现形式在于文化元素，是乡村旅游资源中最能吸引游客的要素。乡村旅游开发能否成功，文化元素的挖掘是关键。文化元素不同于文化景观，它表现含蓄、内涵丰富、类型多样。本书将其主要概括为农耕文化、历史文化、民俗文化、田园文化、科学文化五大主类（见表5-6）。

表5-6 　　　　　　　　**乡村旅游文化元素的类型及外在表现**

文化元素类型	文化元素存在载体	文化元素主要表现形式
农耕文化	种植作物	不同种类农作物的特性、种植方法和习惯，区域农作物种植变迁等
	农耕工具	各种农耕工具的用途、特点和意义，各种农业技术的发展历程等
	农业设施	不同农业设施的结构、用途和目的意义，各种设施的改进变化等

文化元素类型	文化元素存在载体	文化元素主要表现形式
历史文化	历史人物	历史名人的先进事迹、精神传承,历史人物传说等
	历史事件	重大或重要的历史事件的发生时间、过程、结果和意义等
	历史遗迹	历史遗迹的修建时间、历经朝代、现存情况、意义价值等
民俗文化	物质民俗	衣服、佩饰、鞋帽等穿戴方面的习俗,饮食习惯、特点、制作方法等
	社会民俗	反映乡村特定区域生活习惯、风土人情的岁时节令活动,待客接物、婚丧嫁娶、家庭生活等方面的礼仪等
	精神民俗	具有乡土审美特征的乡村艺术,具有乡村特点的宗教信仰活动,乡村中存在的一些行业禁忌、日常生活禁忌习俗等
田园文化	聚落布局	乡村居民的聚居形式和分布特点,聚落的功能、结构等
	建筑民居	建筑民居的构造、用材、装饰、用途,建筑的设计风格等
	田园风光	乡村庭院的结构、设计,庭院与周边山水景观的融合
科学文化	地质地貌	乡村田地的岩石组成、类型、特点,乡村山地、丘陵、盆地等地貌类型与特点等
	生态环境	乡村的青山绿水、良好的生态环境,乡村绿色生产方式和绿色农产品等
	水文土壤	乡村江、河、湖、塘等水文条件,乡村土壤的类型、特性与营养成分,乡村水土保持现状等
	气候天气	区域气候类型与特点,气温、降水量规律,天气变化情况等
	动植物	区域野生动物的品种、特点与数量,区域植物的种类与特点,区域珍稀动植物情况等

（一）农耕文化

农耕文化是指不同地域上与农业有关的各种乡村劳作形式、农事生产过程和传统农事习惯等。如刀耕火种、农业灌溉、耕种收获等,均充满了浓厚的文化气息。且农耕方式越古老,文化特色越鲜明,越能吸引游客。农耕文化主要存在于种植作物、农耕工具和农业设施中。主要表现为农作物的种类及种植变迁，传承数千年的农具、农技和手工技术，以及农业灌溉设施、气象设施、仓储设施等的发展变化。乡村农耕文化的开发目标是建设中小学生劳动教育基地、重要农业文化遗产、灌溉工程遗产等。

（二）历史文化

历史文化是指乡村所辖范围内历史上存在、形成或发生过的人物、事件、建筑物或构筑物等。如村庄历史上的名人、传说，历史上存在过的寺庙、古城、古寨，或是曾经发生过的重要历史事件等。乡村历史文化的开发重点是国家、省、市、县等各级文物保护单位的创建和保护，乡村口述历史的收集和整理，以及村史馆、小型博物馆等文化场馆的打造等。

（三）民俗文化

民俗即民间风俗，涉及乡村生活、生产、礼仪等多方面，是传统文化的基础和重要组成部分。其起源于乡村群体生活的实践，兼有乡村群体在精神生活上的认同，是影响乡村居民群体行为、语言和心理的精神力量，主要包括物质民俗、社会民俗和精神民俗。物质民俗是乡村生活所创造的物质产品及所表现的文化，主要包括服饰民俗、饮食民俗等。如乡村传统服饰、少数民俗服饰、传统手工制品、农家原生态饮食等。社会民俗主要指传统乡村生活遗留下来的生活礼仪及岁时节令等历史印记。如农历二十四节气、丰收节、某特色农产品节，以及火把节、泼水节等少数民族节庆等。精神民俗指乡村居民生活中的精神依托，如传统音乐、舞蹈、戏剧等乡村艺术，或一些乡村宗教信仰和习俗等。

开发乡村民俗文化除关注当地特色的人文、民风、民俗，还应重点关注当地的非物质文化遗产。它是一种重要的乡村旅游资源，是展示乡村魅力、承载乡村文化的重要载体，体现着区域内人们适应自然、改造自然的独特生活方式。开发目标是创建国家、省、市、县四级非物质文化遗产、文化生态区、主题文化园区等。

（四）田园文化

田园文化是由数千年农业文明积累形成的，有别于城市生活的，以优美的自然环境、朴实的乡风、轻松和谐的乡村生活氛围为主要特征的特色文化，是吸引城市游客的主要影响因素。主要存在于乡村田园聚落布局、乡村建筑民居和以山水景观为基础的田园风光。如炊烟袅袅、窗含新绿、户对鹅塘的田畴农舍，茶园、竹园、花卉园等园艺建筑。其展现出的宁静舒缓和生机盎然，是城市居民精神和情感上的寄托。

（五）科学文化

乡村的自然景观蕴含着极为丰富的自然科学文化内涵，这些内涵涉及地理学、地貌学、地质学、生态学、生物学、环境学等学科知识，组成了广大乡村的科学文化基底。根据自然界的岩石圈、土壤圈、水圈、大气圈、生物圈五大自然圈的划分，科学文化可以存在于地质地貌、生态环境、水文土壤、气候天气、动植物五大载体。

当前，乡村急需开发各自的科学文化，这是由研学旅行热潮的兴起决定的。研学旅行是近几年由国家层面提出并重点支持的旅游形式，市场潜力巨大，是旅游行业未来的增长亮点。各村可以研学旅行消费者的需要为导向，开发针对不同消费主体的科学文化产品，如以中小学生为主体的乡土乡情研学和以大学生及社会求知者为主体的高端科学研学等。开发目标是成功创建自然保护区、森林公园、地质公园、矿山公园、风景名胜区、国家公园、自然遗产、研学基地等高级别景（园）区，或是开发与乡村、乡镇建设相融合，能够提升乡村生活品质和文化内涵的地方科学文化，获得特色科学文化村授牌。如中国地质学会组织评定的全国"地质文化村"。

文化元素梳理完成后，村庄还需要归纳各自的乡村文化主题，方便后续的持续打造。归纳提炼文化主题应做到主题鲜明、内容丰富、游客认同。因此要在资源调查和市场调研的基础上，邀请对本村文化熟悉的游客、村干部、产业带头人、旅游从业者、行业专家等组成主题论证小组，统计众人最认同的乡村文化词汇，再通过提炼、归纳、提升，最终确定本村的核心文化主题及核心文化产品。同时，应充分利用新一代信息技术为文旅产业带来的全面革新，通过人工智能（AI）、增强现实（AR）、虚拟现实（VR）等技术增强乡村文化旅游产品的可视化、交互性、沉浸式等体验，争取为目标乡村打造一个地方特有的、独一无二的文化内核。

四 龙头引流，培育招牌产品

乡村旅游业能否兴旺，归根结底是乡村是否有人气。脱贫地区的乡村旅游资源虽然较为丰富，但大部分还处于"养在深闺人未识"的状态。同时，这些乡村的旅游资源级别普遍不高，没有五级的旅游资源，四级旅游资源也较少。这就导致资源对旅游者的吸引力较弱，人气不足成为脱贫地区乡村旅游发展的一大掣肘。

龙头引流项目指的具有较强影响力、号召力，能发挥示范、带动作用，对区域的旅游产业发展和经济发展至关重要的项目或景区。龙头引流项目一般具有以下特征：可以吸引庞大的人流量，为区域带来人气或网红效应；其经营情况可以基本代表当地旅游产业的运营和竞争力状况；在区域旅游经济中贡献着大部分的收入和利润；是区域旅游的核心吸引物，对区域旅游产业的发展起着至关重要的作用；具有桥梁纽带和带动作用，既外接旅游市场又内联区域其他景区，通过一定的利益联结机制，将区域内的其他项目纳入区域旅游产业体系，使区域其他项目也能分享到旅游发展所带来的收益；可以吸引国内乃至世界上的资本前来投资，不但能够带来充足的资金，还能够带来国际或国内领先的旅游产品技术，能够显著提高区域旅游产品的创新程度和吸引力，有利于提升区域的旅游竞争力。

培育引流的招牌产品，首先，要挑选区域内的潜力旅游资源。镇（村）可从定性与定量两个方面对辖区内的乡村旅游资源价值和开发潜力进行评价，从而挑选出有较高潜力的资源进行引流产品的培育，如贵州榕江的足球比赛即"村超"，该项运动从20世纪40年代在当地开始兴起，由迁来榕江躲避战乱的广西大学学生推广传播到周边乡村。2002年世界杯之后，当地每隔一两年就会举办足球比赛，由每个村组织一支队伍来参加，活动基础较好。2023年，当地将该项活动作为重点引流产品进行培育从而火爆全网。引流招牌产品也可以"无中生有"，通过人工打造的方式开发招牌旅游产品。如建设大型的亲子娱乐场所，吸引数量庞大的家庭旅游人群。

其次，要集中资金和资源向招牌引流产品倾斜，做到宁缺毋滥。给予招牌产品足够的政策及金融机构支持，如协调相关部门提供相应的资金、土地等政策；或鼓励金融机构把招牌产品开发项目纳入支持项目储备库，优先给予项目信贷支持，解决招牌引流产品的融资难、融资贵等问题。重点提升培育对象的资源等级和规模特色，如全力创建高级别的景区、风景名胜区、文物保护单位、非物质文化遗产，或者从硬件和软件双管齐下，围绕旅游产品的规模和质量进行扩张和提升，确保招牌产品在区域的龙头地位和引流的资本，促进当地的乡村旅游业实现快速、高质量、跨越式的发展。

五　集聚产业，复合各类业态

乡村旅游是一种复合型的旅游活动，它发生在乡村地区，以乡村旅游资源为对象，包含观光、度假、休闲、娱乐、避暑、康养、科考、民俗、购物、访祖等活动及产生的所有消费行为。2023 年的中央一号文件明确提出：发展乡村餐饮购物、文化体育、旅游休闲、养老托幼、信息中介等生活服务；实施乡村休闲旅游精品工程，推动乡村民宿提质升级；推动与沿线配套设施、产业园区、旅游景区、乡村旅游重点村一体化建设等，体现了宏观层面对乡村旅游新业态成长和产业升级的设计和布局。

产业的集聚主要可以从三个方面实现：一是产业配套，是指围绕区域内的主导产业和龙头企业，提供与之具有内在经济联系的上游、下游相关产业、产品等的支持情况。在乡村旅游业中，以旅游资源为基础的旅游观赏业是主导，周边可以配套餐饮、住宿、交通、购物、文娱等相关产业或行业，帮助乡村形成一个完整的产业链。二是产业互补。产业互补是指两种或多种产业之间存在某种依存关系，这种依存关系可以增加产品价值，影响产品的功能表现，还可以共享品牌等无形资产，获得产业之间的协同效应。如乡村中旅游产业与康养产业的互补，乡村良好的旅游资源和生态环境为康养产业提供了优美的自然条件和健康的生活空间；乡村旅游的服务设施为康养产业拓宽了服务范围，提升了服务质量。而康养产业则为乡村的旅游产业积极培育新的消费主体，延长消费者在乡村中的停留时间，释放旅游消费潜力，并提高乡村的接待能力。三是产业融合。这是乡村产业联动发展的高级阶段，是指不同产业或同一产业不同行业相互交叉、相互渗透，并最终融为一体形成新产业的发展过程。随着乡村农业、加工业与旅游业的联动加强，乡村中各种生产要素的联系越来越紧密。逐渐开始"农旅融合""农文旅融合""农商文旅体融合发展"，通过旅游促进第一、第二、第三产业深度融合，助力乡村发展，最终建成集休闲旅游、现代农业、田园社区于一体的田园综合体。

脱贫地区要对自己的现有产业进行仔细梳理，明确本地区产业链的缺失环节、薄弱环节和优势环节。再通过整合现有产业链，以产业配套、互补和融合为发展思路，培育或引进一批能与现有产业对接、带动性强的项目，吸引相关企业在乡村投资，助力乡村形成比较完整的产业链，继而通过产业横向拓展形成关联度高的产业集群。当前阶段可重点关注以下产业融合模式：一是"旅游+教育"产业的结合。随着社会公众对教育的越发关注和国家教育改革的大力推行，教育产业正经历剧烈的变革，变革的重要方向之一就是与旅游产业的结合，产生了研学旅行、劳动教育等新兴业态。前者通过旅行进行探究和学习，后者通过组织"劳动体验"进行学生能力的培养。而乡村又是进行乡土研学和劳动教育的绝佳场所，具有天然的优势。二是"旅游+食品"产业的结合。乡村作为生产食品的"原材料车间"，是食品产业的基石和保障。随着社会对食品安全的愈加关注，乡村可以将"绿色生产""有机食品"作为卖点，通过旅游开发的方式开展健康食品的定制和销售。如定制化可视化农业，让游客全程参与农产品的生产过程，保障食品安全和游客健康体验。

创新的旅游业态也是乡村旅游开发的关键。2018年12月，文化和旅游部在《关于提升假日及高峰期旅游供给品质的指导意见》中提出要大力推进旅游业供给侧结构性改革，加强旅游新业态建设，着力开发11种旅游业态。这些业态分别为研学知识游、康养体育游、休闲度假游、文化体验游、乡村民宿游、生态和谐游、城市购物游、红色教育游、工业遗产游、邮轮游艇游、自驾车房车游等。其中，比较适合在乡村发展的旅游业态主要包括以下几种。

（一）研学知识游

该业态即研学旅行，也称修学旅行、游学旅行，从广义的角度讲，是指以探究性学习为主要目的的专项旅行，是旅游者出于对科学文化求知的需要，前往异地开展的研究学习性质的旅游活动。而狭义的研学旅行则是指由教育管理部门牵头、学校组织、学生参与的，以了解社会、培养人格、学习知识等为目的的校外考察活动。2013 年 2 月，国务院办公厅印发了《国民旅游休闲纲要（2013—2020 年）》，纲要中首次提出"研学旅行"的设想；2014 年 7 月，教育部发布了《中小学学生赴境外研学旅行活动指南（试行）》，为研学旅行活动的内容提出了指导性意见，制定了活动的基本标准和规则；2014 年 8 月，国务院印发了《关于促进旅游业改革发展的若干意见》，该意见提出要积极开展研学旅行、建立完善研学旅行体系；2015 年 8 月，《国务院办公厅关于进一步促进旅游投资和消费的若干意见》印发，强调培育新消费热点，支持研学旅行发展；2016 年 11 月，教育部、国家发展改革委等 11 个部门印发了《关于推进中小学生研学旅行的意见》，将"研学旅行"纳入中小学教育教学计划，并把中小学组织学生参加研学旅行的情况和成效作为学校综合考评体系的重要内容。研学旅行从此成为国内旅游行业新的增长点，受到越来越多的政策鼓励和支持。例如，2023 年 11 月，文化和旅游部印发的《国内旅游提升计划（2023—2025 年）》提出，优化旅游产品结构，创新旅游产品体系，着力推动研学、银发、冰雪、海洋、邮轮、探险、观星、避暑避寒、城市漫步等旅游新产品。这些都表明：国家层面高度重视研学旅行的潜在价值，将研学旅行作为推动旅游业改革发展、促进旅游投资及消费的一项重要举措。

对脱贫地区的乡村而言，发展研学旅行新业态具有较大优势。首先是政策优势，在国务院出台的《关于促进旅游业改革发展的若干意见》中特别提出了"积极开展研学旅行，建立小学阶段以乡土乡情研学为主、初中阶段以县情市情研学为主、高中阶段以省情国情研学为主的研学旅行体系"的意见。明确将"乡土乡情研学"作为研学旅行的关键内容。其次是资源优势，乡村具有极其丰富的自然和人文历史资源，几乎实现学科门类全覆盖。可以开展农学、理学（包括天文学、地质学、生态学、生物科学、地理科学、大气科学、物理学、化学等）、工学、教育学、文学、历史学、艺术学等绝大部分学科门类的研学活动。乡村可以将这些资源包装成产品开展研学旅行，逐步完善接待体系，争取建设成为研学旅行基地，并申报省级中小学研学实践教育基地、营地，进而申报中国研学旅游目的地、全国研学旅游示范基地、港澳青少年内地游学基地等，让研学旅行活动成为乡村旅游的亮点和业绩增长点。

（二）康养体育游

康养旅游是以"健康"为核心的，医疗、养生、养老、体育、文化等诸多产业融合的新兴旅游业态。过去常指老年旅游，现在包括全年龄段的健康养生旅游。随着中国进入老龄化社会并即将步入深度老龄化阶段，康养旅游逐渐成为旅游产业投资的热点。国务院印发的《关于促进旅游业改革发展的若干意见》中，也强调要大力发展老年旅游。体育旅游是随着社会的发展和人们对身心健康的日益关注，逐渐兴起的一种特种旅游业态，指由竞技竞赛、锻炼身体、娱乐身心、刺激冒险、康复保健、体育观赏等动机引发的各种体育文化交流活动。康养体育游正成为整个旅游市场的消费热门。

乡村地区开发康养业态主要有三种模式。一是特色文化驱动型，以乡村特色文化为基础，打造集养生养老、康养教育、康养文化体验、休闲度假于一体的综合旅游区。二是自然环境依托型，寻找适合养老养生的优美自然环境进行开发，建设以良好生态为本底的旅游区。三是康疗保健植入型，在文化和自然资源均不突出的区域，以区域特色医疗资源为基础或引入国内外先进的医疗资源，打造具有养生保健、慢病疗养、康复治疗、休闲度假等功能的旅游区。体育业态的开发可以依托乡村社会化体育训练基地的建设，通过训练基地将全市乃至全省的体育训练资源、体育爱好者尤其是数量庞大的青少年及其家长吸引到乡村，定期举办全市乃至全省的足球赛事，吸引更大基数的社会人群前往乡村消费，带动乡村的交通运输、餐饮、住宿等行业的快速发展，建成省内乃至国内知名的体育名镇、名村。

（三）休闲度假游

休闲度假游是指以休闲、度假为主要目的，以旅游资源和旅游设施为依托和条件，以特定的文化体验或服务为内容，使旅游者离开定居地到异地逗留一定时间的旅游业态。它是随着社会经济的发展，大众拥有较多闲暇时间和更多可自由支配经济收入的情况下，旅游业发展到一定阶段的产物。与传统观光旅游不同，休闲度假游具有以下优点：一是游客的忠诚度较高，一旦游客认同这个休闲度假目的地，会具有持久的兴趣和稳定的忠诚度，而游客传统观光旅游的频次往往较少。二是游客停留时间长，观光旅游者往往追求"多走多看"，休闲度假者则往往会在目的地停留较长时间，消费的目的性非常明确，会产生重复消费。三是消费能级高，休闲度假游是随着游客收入水平提高、闲暇时间增多而出现的旅游业态，逐渐在一些发达地区的高收入人群中兴起，因此决定了休闲度假旅游者较高的消费能级。

乡村地区优秀的自然禀赋适合发展休闲度假旅游，如在一些湖泊、丘陵周边，配置休闲度假设施、完善服务功能，营造良好的居民休闲度假空间，开展泛舟湖上、节庆婚礼、商务休闲、温泉度假等旅游活动。尤其适合发展亲子休闲度假业态，如利用现有资源建设对儿童有较大吸引力的游乐中心、体验中心、体能训练中心等，配套高品质的休闲度假场所，将教育、研学等业态融入其中，可建成适合家庭旅行的乡村旅游目的地。

（四）乡村民宿游

乡村民宿游是在休闲度假游的带动下逐渐兴起的。由于休闲度假游的时间一般较长，对住宿产生了较强的需求。而乡村的酒店业近乎空白，无法承接这项需求，因此催生出了乡村的民宿发展。乡村民宿是指利用乡村民居等闲置房产资源，为游客提供体验当地生活、生产和文化的小型住宿设施。其以满足游客的精神需求为导向，主要提供的是服务，经营的是一种乡村的生活状态。近些年，由于乡村民宿受季节干扰程度低，一年四季均可入住，提供的产品与服务更为多样，农产品等额外收益更为丰厚，为乡村居民提供了重要增收渠道。此外，乡村民宿不仅利用了乡村的风俗文化，还成为当地重要的人文旅游资源，对保护和传承乡村文化，保障乡村旅游文化活力起到了重要作用。

乡村民宿游作为乡村休闲度假游的重要配套，其发展也是高度依赖当地休闲度假业态的发展情况。在一些自然风光优美、人文历史底蕴浓厚，周边社会经济条件良好，游客休闲度假需求旺盛的村庄，可以大力发展。如民宿游高度发达的莫干山，其位于湖州市德清县，依靠优美的山岳景观、丰富的历史遗存和发达的江浙沪客源市场，成功创建了一大批标杆乡村民宿，成为民宿业态的"领头羊"。而在一些自然和人文条件不是很突出的村庄，就需要充分调研当地的休闲度假需求。在有一定消费需求的基础上，稳步发展乡村民宿游。

（五）文化体验游

文化体验游泛指以鉴赏异国异地传统文化、追寻文化名人遗迹或参加当地举办的各种文化活动为目的的旅游业态。近几年，寻求文化享受逐渐成为游客的一种时尚，文化体验游也成为当前流行的旅游业态。这既与国家层面文旅融合系统工程的正式启动有关，也与游客需求的转变密切相关。文化旅游产品主要包括：①博物馆。如历史博物馆、名人故居博物馆、专题博物馆等。②历史街区和城镇。如周庄、阳朔西街等。③演艺、文创产品。如丽江《纳西古乐》、各地《印象》系列等。④主题公园、主题度假村。如云南民族文化村、大唐芙蓉园、张家界土家风情园等。⑤节庆。如彝族的"火把节"、回族的"古尔邦节"等。

乡村地区具有丰富的文化旅游资源，如民居文化、历史人物、民族风情、民俗与饮食、文化创意等，皆是可深入挖掘的宝贵资源。应该以市场为导向创新乡村的文化旅游产品，如收集乡村历史遗存，建设村史馆，规范发展主题公园；定期开展具有地方和民族特色、群众参与性强的传统节庆或其他文化旅游活动；积极寻求专业艺术团队的合作，打造艺术水准高、特色鲜明的文艺作品等。

除上述5种业态以外，文旅部着力开发的11种旅游业态中还包括生态和谐游、城市购物游、工业遗产游、红色教育游、邮轮游艇游、自驾车房车游等。生态和谐游指的是以特色生态环境为游览对象的旅游业态，其依托良好的生态环境和独特人文生态系统，以生态友好的方式开展生态体验、生态认知和生态教育等；城市购物游是指以现代化的城市设施为依托，以该城市丰富的旅游商品和自然人文景观为吸引要素，主要为游客提供休闲购物、城市观光的一种新兴旅游业态；工业遗产游是指以具有历史、技术、社会、建筑或科学价值的工业文化遗迹为游览对象，为游客提供工业体验、历史怀旧、科学探索等服务的旅游业态；红色教育游是指以中国共产党领导人民在革命期间所形成的纪念地、标志物等为载体，以革命事迹、革命历史和革命精神为内涵，为旅游者提供缅怀学习、参观游览等主题服务的旅游业态；邮轮游艇游是指以邮轮、游艇为载体，为游客提供观光、休闲、度假、购物等服务的旅游业态；自驾车房车游是一种新兴的旅游业态，也是随着自驾车和房车进入千家万户而兴起的旅游方式，其主要以自驾车、房车为载体，为游客提供旅居全挂车营地、露营地、自助餐饮、车辆维护、线路设计等服务。

这些丰富的旅游业态都是国家立足新时期大众旅游消费的新特征，为推进旅游供给侧结构性改革，推进优质供给、弹性供给、有效供给，并切实提升旅游资源开发、产品建设水平，更好地满足人民日益增长的旅游美好生活需要而提出的。乡村地区要以政策扶持为支撑，以市场需求为导向，积极发展研学知识游、康养体育游、休闲度假游、文化体验游、乡村民宿游等新旅游业态，在满足游客个性化、多样化需求的同时，实现乡村自身的提档升级。此外，各村需要根据自身的资源禀赋和社会经济条件，适当发展生态旅游、赶集购物、红色教育、自驾车房车营地等业态。形成涵盖休闲度假、乡村民宿、亲子游乐、研学科普、康养体育、生态观光、汽车营地等业态的多元化、特色化乡村旅游产品体系，满足游客多样化、个性化的需求。

此外，还需要关注当前一些最新兴起的旅游业态，如夜间旅游、清凉旅游、沉浸式体验游、露营游等。夜间旅游一般指从当日下午6点到次日早上6点所发生的旅游活动，被认为是国家"激发新一轮消费升级潜力"的重要举措。夜间旅游涉及的项目较多，一般包括夜景、夜演、夜购、夜宴、夜娱、夜宿6个部分。其中，夜景包括灯光、彩灯、声光电综合项目等；夜演包括实景演艺、光影演艺和剧场演艺等；夜购包括夜间集市、休闲步行街等；夜宴包括美食街、美食节等；夜娱包括知识型娱乐项目、纯娱乐性项目和环境主题型娱乐项目等；夜宿包括民宿、主题酒店（如电子竞技主题酒店）等。清凉旅游是随着温室效应、全球气候变暖而逐渐热门的一种旅游业态，带动了一系列避暑目的地和水世界、水上乐园等项目的兴起。沉浸式体验游是随着技术的进步，通过场景、灯光、影像、特效、音乐、表演等模拟一些情景，使游客获得身临其境体验的一种崭新业态。其中，沉浸式剧本杀是最热门的业态之一。它是以剧本为基础，结合角色扮演和推理解谜的游戏形式，邀请参与者扮演不同角色将剧本演绎的一种娱乐活动。

六 严守红线，灵活使用土地

乡村地区是承载国家生态安全、粮食安全等重大责任的关键区域。随着"生态保护红线""永久基本农田""城镇开发边界"三条控制线的划定，乡村旅游开发也有了三条不可逾越的红线。即乡村旅游开发不得破坏乡村的生态环境和人文风貌、不得占用永久基本农田、不得突破建设用地规模。违规使用乡村土地进行旅游开发，可能会导致项目被叫停、建筑遭拆除等严重后果。2018年9月，为加强耕地保护、遏制农地非农化现象，农业农村部、自然资源部开展了"大棚房"问题专项清理整治行动，清理整治范围主要包括：一是在各类农业园区内占用耕地或直接在耕地上违法违规建设非农设施，特别是别墅、休闲度假设施等。二是在农业大棚内违法违规占用耕地建设商品住宅。三是建设农业大棚看护房严重超标，甚至违法违规改变性质用途，进行住宅类经营性开发。重点整治一些工商资本和个人到农村非法占用耕地变相开发房地产和建设住房的行为。在这场行动中，大量违法违规大棚房遭到拆除，众多违规建设的乡村旅游设施得到整治，一些涉嫌犯罪的责任主体还被依法追究刑事责任。

而土地要素是保障乡村旅游高质量发展的核心要素，乡村旅游项目用地如何保障是绕不开的问题。近几年的中央一号文件均对农村土地问题的要求进行了阐述。尤其是2020年的中央一号文件明确提出要破解乡村发展用地难题，完善乡村产业发展用地政策体系：将农业种植养殖配建的保鲜冷藏、农机库房、管理看护房等辅助设施用地纳入农用地管理，规定农业设施用地可以使用耕地；在符合国土空间规划前提下，通过村庄整治、土地整理等方式节余的农村集体建设用地优先用于发展乡村产业项目；农村集体建设用地可以通过入股、租用等方式直接用于发展乡村产业；简化审批审核程序，下放审批权限，推进乡村建设审批"多审合一、多证合一"改革。新编县乡级国土空间规划应安排不少于10%的建设用地指标，重点保障乡村产业发展用地；省级制订土地利用年度计划时，应安排至少5%新增建设用地指标保障乡村重点产业和项目用地。2024年的中央一号文件又提出"在耕地总量不减少、永久基本农田布局基本稳定的前提下，综合运用增减挂钩和占补平衡政策，稳妥有序开展以乡镇为基本单元的全域土地综合整治，整合盘活农村零散闲置土地，保障乡村基础设施和产业发展用地"。这些政策有效保障了乡村旅游开发的部分用地需求。

乡村旅游项目占地广、布局分散，这就需要乡村地区灵活使用土地，如利用"点状用地"的方式开发旅游资源。传统的乡村旅游开发方式是成片占用和征收土地，往往造成用地指标受限、项目落地难、土地成本增加。而"点状用地"是对土地要素的"精准施策"，指在城镇开发边界外的乡村地区，按照项目的实际需求以点状报批建设用地，保证周围的土地性质不变，非连片使用土地的一种用地方式。其可以有效解决乡村旅游开发项目用地的指标不足问题，有利于提升土地的精细化利用程度、避免土地指标的浪费，同时简化用地的审批流程。此外，乡村地区应该按照"做优增量、盘活存量、近期落实、远期留白"的思路保障乡村旅游项目用地。包装乡村振兴项目，积极争取每年新增的建设用地指标；建立节约集约用地机制，不断优化土地利用布局，提升土地资源配置效率和产出效率；以闲置低效工矿用地、公服设施用地为重点对象，开展闲置低效建设用地整治，盘活闲置房屋和土地资源保障镇村旅游产业发展；预留产业机动用地，支持未来其他乡村旅游设施及农村新产业用地。

七 营销革新，推进新旧转换

随着中国旅游市场的逐渐完善和成熟，传统的营销手段已经不能有效地吸引需求个性化、多样化的游客。传统营销主要通过报纸广告、口口相传、打印传单等传统媒体，传播范围主要局限于本地区域，单向传播互动性低，内容形式主要局限于文字、图片和短暂画面等，内容更新也不及时，由于受到多种因素的限制，其影响力和传播效果有限。而在国家大力发展数字经济的大背景下，互联网、大数据、云计算等信息技术快速发展，智能手机、移动互联网加快普及，短视频等社交媒体平台成为信息传播、营销推广的重要方式，逐渐开始替代传统媒体营销。据中国互联网络信息中心发布的《中国互联网络发展状况统计报告》显示：中国各类互联网应用持续发展，多类应用的用户规模获得一定程度增长，截至 2023 年 6 月，即时通信、网络视频、短视频的用户规模分别达 10.47 亿人、10.44 亿人和 10.26 亿人。这些新媒体受众广泛，可以覆盖国内乃至国际的消费者；互动性高，受众可以点评、转发以及讨论；媒体入口开放，受众可以直接参与媒体内容的制作；内容多样化，以视频形式展现，更直观和生动，可以满足不同年龄段消费者的个性需求；更新频率高，可以通过移动互联网随时随地发布最新信息。

2023年的"淄博烧烤"案例，就是营销媒体新旧转换并获得巨大影响力的典型代表。从2021年互联网美食纪录片《人生一串》中的崭露头角，再到话题在微博等新媒体平台的讨论式传播，都为"淄博烧烤"的火爆打下了坚实的基础。2023年年初，得益于抖音等短视频平台的宣传，"大学生组团去淄博吃烧烤"等相关话题瞬间在互联网引起广泛传播。据统计，自2023年1月1日至4月24日，全网关于淄博烧烤的信息量达到507.8万条，其中423.1万条来自短视频和微博等社交平台（黄百俊等，2023）。随后，各大社交平台流量的持续投放又吸引了大量网络红人以及博主前往淄博打卡，催生了"淄博烧烤"的二次传播，将话题热度推向高潮，极大地提高了淄博的城市影响力，使其成为2023年文旅界的一匹"黑马"。

在互联网时代，乡村地区要及时转换新旧思路，积极运用当下流行的抖音、快手、小红书等新媒体平台进行创意营销。利用这些新媒体的强大传播力和灵活参与度，扩大本地乡村旅游的影响力。重视运用网红营销策略，利用网络红人的影响力和社会关注度，吸引消费者进行"线下打卡"，发掘本地的一批"网红打卡地"。同时，乡村也要重视利用新的数字技术赋能文旅新场景，如以乡村的历史文化为依据，将文化具象化，作为村子的核心形象，打造具有地方特色的"旅游IP"，拓展营销方式，带活本地乡村旅游经济。

八　因村施策，科学规划发展

乡村旅游开发讲究因地制宜，要结合所在区域的优势产业或地方特色，走出一条不容易被复制的特色旅游发展之路。它不是到处进行旅游开发，重复建设旅游项目，而是更加关注区域旅游发展的系统性和规划布局的合理性，防止区域内出现景点景区的泛滥、配套设施的过剩、项目竞相上马、同质化旅游产品的激烈竞争，实现区内旅游资源配置的全面优化。但是市场调节往往具有自发性和盲目性，会促使一些旅游企业为了眼前利益，牺牲乡村的生态环境，或发现市场上某一业态或产品有利可图而一哄而上，接连上马相同类型的旅游项目，从而造成资源的极大浪费，这就需要对这些地区的乡村旅游进行科学的宏观规划。

2023年的中央一号文件指出要加强村庄规划建设。"坚持县域统筹，支持有条件有需求的村庄分区分类编制村庄规划，合理确定村庄布局和建设边界。将村庄规划纳入村级议事协商目录。积极盘活存量集体建设用地，优先保障农民居住、乡村基础设施、公共服务空间和产业用地需求，出台乡村振兴用地政策指南。编制村容村貌提升导则，立足乡土特征、地域特点和民族特色提升村庄风貌"。2024 年的中央一号文件又提出增强乡村规划引领效能。"强化县域国土空间规划对城镇、村庄、产业园区等空间布局的统筹。分类编制村庄规划，可以单独编制，也可以乡镇或若干村庄为单元编制。加强村庄规划编制实效性、可操作性和执行约束力，强化乡村空间设计和风貌管控"。

因此，乡村地区发展乡村旅游要立足村庄自身优势，坚持错位发展，不搞"一刀切""跟风上"。通过县级或镇级部门的科学规划，实现区域旅游协同发展、错位发展、联动发展，把乡村分散的旅游资源串成线、集成团、连成片，做到"一村一品""一镇一业"。区位条件优越、市场潜力大、旅游资源得天独厚的镇（村）可以大力发展乡村旅游，充分发挥旅游产业的引擎带动作用，高起点、高标准、高规格建设旅游项目，实施休闲农业与乡村旅游提升工程，深挖区域文化内涵，发展研学知识游、康养体育游、休闲度假游等旅游新业态，持续开展星级休闲农庄、农业主题公园等培育创建。积极探索农文旅产业融合的模式，通过先进的融合模式实现本地旅游产业的弯道超车。而位置较为偏远、资源不够突出的村庄应重点优先发展更能产生效益的现代农业或农产品加工业。当村庄的产业颇具特色、经济条件有所好转、基础设施逐渐完善、旅游可进入性转好时，再大力推进旅游产业的布局，使旅游产业与其他产业实现产业配套、产业互补和产业融合，实现锦上添花。可先做好乡村旅游规划，设计包装好项目，争取财政资金的支持，循序渐进开发。

第六章

乡村分类及乡村振兴路径选择

脱贫地区在摆脱贫困之后，如何选择乡村振兴的路径成为摆在人们面前的一道难题。产业振兴是乡村全面振兴的基础和关键。习近平总书记在海口市秀英区石山镇施茶村考察时表示："乡村振兴要靠产业，产业发展要有特色"；在河北承德考察时也指出："产业振兴是乡村振兴的重中之重，要坚持精准发力，立足特色资源，关注市场需求，发展优势产业，促进一二三产业融合发展，更多更好惠及农村农民"；尤其是对于脱贫地区，习近平总书记强调："对脱贫地区产业帮扶还要继续，补上技术、设施、营销等短板，促进产业提档升级"。因此，脱贫地区的乡村振兴首先要发展产业，实现产业振兴。而乡村旅游是乡村产业振兴的重要组成部分，是实施乡村振兴战略的重要力量，在推动农村经济发展、农业农村现代化、农民增收致富等方面发挥着非常重要的作用，成为乡村产业振兴的一大抓手。

但是由于各镇村的自然禀赋和人文历史条件相差悬殊，市场环境和获帮扶力度也不尽相同，使某一个村的乡村旅游成功案例不具有普适性，不能成为脱贫地区各镇村简单模仿的对象。发展乡村旅游和其他产业的先后顺序、实现乡村振兴的具体路径步骤要在充分分析各镇、村的基础条件和驱动因素后再因地制宜地选择。

第一节　乡村旅游发展的驱动力类型

区域的发展总是受到经济、社会、政治等诸多因素的驱动和影响，这些因素在区域不同发展阶段的作用也各不一样（欧向军等，2008；

魏冶等，2013；赵永平和徐盈之，2014；滕玉成等，2015；王春枝，2017；王利伟和冯长春，2016；杨佩卿，2017；张凌，2018；宋周莺和祝巧玲，2020；张金瑞，2021）。系统论认为，系统是由相互作用和相互依赖的若干组成部分结合而成的具有特定功能的有机整体，系统间都存在信息、能量、物质等的流动（高振荣和陈以新，1987）。乡村旅游就是一个由不同子系统构成的巨系统。20世纪80年代以前，学术界关于旅游发展的研究一般仅限于旅游开发、旅游规划和旅游资源的评价，缺乏有关旅游驱动力系统的讨论。彭华（1999）较早地提出，旅游业是一个高度复合的产业系统，发展旅游业不只是旅游点或旅游部门的事情，旅游地的发展要依靠旅游引力系统和支持系统。随后，其又在《旅游发展驱动机制及动力模型探析》一文中将旅游发展动力系统完善为需求系统（消费）、中介系统（引导）、引力系统（产品）和支持系统（条件）四个部分，并提出推动旅游发展的因素分为主动因素和辅助因素，区域旅游发展动力模型由主动因素确定。进入21世纪，赵玉宗和张玉香（2005）运用系统动力学原理对城郊旅游开发进行分析，认为旅游业的发展动力可以分为市场力、吸引力和支持力三个层面。杨军（2006）提出中国乡村旅游系统主要由城市居民、农民、旅游业、政府4个子系统构成。各个子系统在乡村旅游中的诉求形成了乡村旅游的需求动力、供给动力、营销动力和扶持动力，构成了乡村旅游发展的核心动力系统。杨美霞（2018）则认为，旅游资源是乡村发展的第一驱动力，人力资源、基础设施条件、客源市场需求、旅游服务水平是乡村旅游发展的重要驱动力。纪施莹（2022）提出对乡村旅游发展具有重大影响的主导驱动因子是经济发展水平、乡村旅游产业、地方服务水平、对外经济联系和乡村生态环境。

一些学者尝试引入定量研究方法来分析乡村旅游的驱动力。刘苏衡和刘春（2014）采用因子分析法，对27家省级休闲农业示范点的经营发展12项指标进行了因子分析，认为研究对象乡村旅游发展的内在驱动力主要集中在经济因子、规模因子、接待因子三个因子。陆书建和黄永兴（2018）采用主成分分析法，从居民、农民、旅游业和政府4个子系统选取了13个主要驱动力因子，认为研究对象乡村旅游的主要驱动力是经济驱动、健康卫生驱动和城市环境驱动。沈伟丽（2019）用

125

相关性分析法和层次分析法研究了乡村旅游驱动力和三大产业互融发展水平，其从经济、农业、环境和建设 4 个方面选取了 12 个驱动因素，并利用层次分析法对这些因素之间互融水平进行了估测。张广海和张红（2020）则从资源禀赋、配套设施、经济条件和政策支持 4 个方面构建乡村旅游发展的动力体系，并借助熵值法对驱动力大小进行识别。谢华超（2021）采用层次分析法和模糊综合评价法分析了乡村旅游发展驱动力，认为旅游供给、旅游需求、旅游区位、旅游吸引物、目的地管理是推动研究对象乡村旅游发展最主要的 5 个驱动力，其次是政府支持和旅游创新。李波（2021）则运用结构方程模型，针对景区依托型乡村旅游可持续发展的影响因素，提出了景区依托型乡村旅游可持续发展的"五力"模型，即政府推动力、景区支撑力、市场拉动力、乡村驱动力以及景村共生融合力，并认为政府推动力在乡村旅游发展中的贡献度依然是重中之重，景村融合力、市场拉动力其次。乡村旅游发展驱动力类型汇总，如表 6-1 所示。

表 6-1　　　　　　　　乡村旅游发展驱动力类型汇总

作者	年份	驱动力（系统）类型
彭华	1999	需求系统、中介系统、引力系统、支持系统
赵玉宗和张玉香	2005	市场力、吸引力、支持力
杨军	2006	城市居民、农民、旅游业、政府
刘苏衡和刘春	2014	经济因子、规模因子、接待因子
陆书建和黄永兴	2018	经济驱动、健康卫生驱动、城市环境驱动
杨美霞	2018	旅游资源、人力资源、基础设施条件、客源市场需求、旅游服务水平
沈伟丽	2019	经济、农业、生态、建设
张广海和张红	2020	资源禀赋、配套设施、经济条件、政策支持
谢华超	2021	旅游供给、旅游需求、旅游区位、旅游吸引物、目的地管理、政府支持、旅游创新
李波	2021	政府推动力、景区支撑力、市场拉动力、乡村驱动力、景村共生融合力
纪施莹	2022	经济发展水平、乡村旅游产业、地方服务水平、对外经济联系、乡村生态环境

由上可知，影响乡村旅游发展的主要驱动力归结起来主要包括市场需求（经济水平）、旅游产品（资源吸引力）、政府政策支持、宣传营销、基础设施条件（生态环境）、地方服务水平。其中，市场需求、旅游产品和宣传营销均属于市场层面的驱动力，而政府政策支持、基础设施条件、地方服务水平基本属于行政层面的驱动力。因此，为方便进行量化研究，本书将影响乡村旅游发展的主要驱动力归纳为两种，即行政力和市场力。

第二节　乡村旅游驱动力模型构建

一　行政力

行政力反映的是乡村振兴过程中政府力量的推动作用，是指政府通过制定政策、提供公共物品等行政手段实施的，以人为干预为特征的调控力量。政府拥有制定政策、资源配置、监督管理等基本职能，具有强大的宏观调控力量。乡村振兴推进过程中，政府利用其行政权力对乡村振兴资源进行的合理配置，会对各地的产业布局、结构产生重大影响，进而决定各类要素资源的集聚及扩散。行政力对乡村发展的驱动作用主要体现在以下几个二级指标。

（一）政策引导力

政策引导是驱动乡村旅游发展和乡村振兴的重要因素。近年来，中央一号文件、乡村振兴促进法等政策文件的出台从不同角度规范和保障着乡村振兴的实施路径。国家和省级政府的宏观政策更是一种特殊的工具性"资源"，对于特定乡村的乡村旅游和乡村振兴发展进程影响巨大。

（二）财政支撑力

政府的行政力还体现在财政资金的使用和分配上。政府是乡村振兴过程中的主要干预主体，对乡村的规划和投资方向起着决定性作用。支撑起乡村基础设施的投入，如环境整治、道路交通建设、房屋改造、墙体美化等资金投入；也承担着乡村旅游发展的投入，如旅游开发、旅游规划、旅游宣传、专家智库组建等投入。财政资金投入不仅是乡村振兴的保障，也是乡村旅游发展的主要推动力。

（三）领导注意力

在中国的行政体制运作中，领导的角色和作用至关重要。领导的重视是各项政策落实的重要保障，领导注意力驱动是科层运作的有效机制（庞明礼，2019；庞明礼和梁靖柯，2024）。因此，政府行政力的重要体现就是领导的注意力。领导如果亲自前往一线现场，将其有限的"注意力"资源分配给特定的区域、机构或者工作，那么该事项的推动力度会更大，也更容易落实。

（四）国资中坚力

国资国企作为中国经济的中坚力量，是经济社会发展的"稳定器"和"压舱石"。其在落实重大投资、扩大内部市场等方面作用明显。在脱贫攻坚和乡村振兴的过程中，国资国企往往扮演着乡村产业发展方向的引领者、产业基础能力提升的支撑者和产业协同合作的组织者，带头落实国家的乡村振兴战略和各项政策，在乡村现代产业体系建设中发挥着中坚骨干和融通带动作用。

除上述驱动因子外，行政力还包括政府实施监督管理和提供公共产品等方面，可根据区域特点将驱动因素的二级指标进行调整。

二 市场力

市场力是指在市场经济背景下，以价值规律为基本规律，以自组织为特征的驱动因素。它是社会经济发展的产物，在乡村振兴过程中对资源配置起基础性调节作用，要求乡村各生产要素按照价值规律进行配置。从发展乡村旅游的视角看，影响乡村旅游和乡村振兴的市场力主要包括市场吸引力、市场距离力、人口规模力和市场购买力二级指标。

（一）市场吸引力

市场营销学认为市场由人口、购买力和购买欲望三要素组成。而购买欲望是指消费者购买商品的动机、愿望和需求，是消费者将潜在购买力转化为现实购买力的必要条件。商品本身的吸引力是能否激发消费者购买欲望的关键。乡村要发展乡村旅游进而实现乡村振兴，丰富的、有吸引力的乡村旅游资源是基础。乡村旅游资源禀赋的高低决定了其市场吸引力的大小，进而影响乡村旅游的游客量。

（二）市场距离力

乡村旅游作为一种以城市人口为主要客源的业态，与城市距离的远近是影响其发展的重要因素。乡村旅游发展较好的乡村一般会有一个距离近的、比较稳定的客源市场，且城市的人口密度越高，城市生活节奏越快，人们对乡村生活越向往，则乡村对这些客源的吸引力就越大。

（三）人口规模力

消费人口是市场的三要素之一，消费者人口的多少，决定了乡村旅游市场的规模和容量大小。而且人口的消费需求也是旅游发展的根本动力，人口的构成及特征显著影响着乡村旅游市场的构成及变化。一个村庄的乡村旅游要发展，就必须要有一个庞大的消费人群，通过消费人口的消费、宣传和带动，提高本村市场影响力和旅游人气。

（四）市场购买力

市场购买力是指消费者通过支付货币购买商品或服务的能力，以及现实市场的物质基础。影响消费者购买力的主要因素包括消费者的收入、储蓄和信用以及消费支出模式等。且一定时间内的消费者可支配收入水平可决定市场购买力水平。因此，乡村周边城市居民可支配收入的高低，对乡村的旅游发展、市场扩容和产业振兴有重要影响。

此外，影响市场力的指标还包括市场的地理环境、地区生产总值、居民储蓄情况、消费水平及结构、物价指数、人口素质、风俗习惯等。在进行乡村分类的时候可选择相应的二级指标。本书使用的驱动力二级指标如图 6-1 所示。

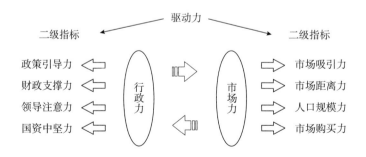

图 6-1　两种驱动力的二级指标

三　驱动力模型构建

本书从发展乡村旅游的视角，以市场力为横坐标、行政力为纵坐标，构建起基于两种驱动力的坐标系，作为区分乡村旅游发展动力的模型，如图 6-2 所示。利用该图可直观地衡量和探讨两种驱动因素在乡村旅游发展过程中的地位和作用。同时，采用量化的方法，尝试制定两种驱动力的二级指标的赋分标准，并进行相应赋分（见表 6-2）。本书设定每个二级指标满分为 5 分，如不符合赋分标准则得 0 分。二级指标得分相加即得出驱动力的总分值，用于判断目标乡村的旅游发展驱动力大小。

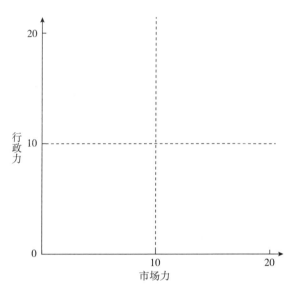

图 6-2　基于行政力和市场力的乡村旅游发展驱动力模型

在本书设定的二级指标赋分标准中，行政力中的"政策引导力"指标主要参考乡村是否被列为国家级、省级或市级乡村振兴重点帮扶村，以及乡村曾属于国家级还是省级、市级贫困村（现为脱贫村）。"财政支撑力"指标主要参考乡村在近几年收到的财政资金投入额，收到的财政投入越大，得分越高。"领导注意力"指标主要参考乡村是否受到国家领导或地方政府领导的关注。"国资中坚力"指标主要参考乡村建设中是否有中央直属企业、省属国有企业、市属国有企业以及区属国有企业的专项参与，不包括水、电、气、网络和邮政等常规建设。参与乡村建设的国资企业级别越高，得分越高。

市场力中的"市场吸引力"指标主要参考乡村是否拥有高级别的旅游资源用于吸引旅游者，如《旅游资源分类、调查与评价》中设定的五级旅游资源和四级、三级旅游资源。参考乡村中是否有国家公园、风景名胜区、自然保护区、旅游度假区、国家 A 级旅游景区、森林公园、湿地公园、地质公园、矿山公园、非物质文化遗产、重点文物保护单位和传统村落等特定旅游资源。"市场距离力"指标主要参考乡村距离主要客源市场的远近，距离越近，就越能吸引城市人口郊游和消费，得分就越高；距离越远，城市人口前往休闲、郊游的动机就相对越弱，得分就越低。"人口规模力"指标参考的是乡村主要客源市场的人口规模，乡村所依赖的主要城市的人口规模越大，得分越高。"市场购买力"指标参考的是主要客源市场的城镇居民人均可支配收入，人均可支配收入越高，购买力相对越强，得分就越高。具体标准如表 6-2 所示。

表 6-2　　　　　　　　　　驱动力指标的赋分标准

驱动力	二级指标	赋分标准	赋值（分）
行政力	政策引导力	国家级乡村振兴重点帮扶村	5
		省级乡村振兴重点帮扶村	3
		市级乡村振兴重点帮扶村	1
		国家级贫困村（脱贫村）	5
		省级贫困村（脱贫村）	3
		市级贫困村（脱贫村）	1
	财政支撑力	财政专项资金投入大于等于 1 亿元	5
		财政专项资金投入小于 1 亿元，大于 5000 万元	3
		财政专项资金投入小于等于 5000 万元	1
	领导注意力	国家领导人关注	5
		省级领导关注	3
		市领导关注	1
	国资中坚力	中央直属企业及省属国有企业参与投资建设管理	5
		市属国有企业参与投资建设管理	3
		区属国有企业参与投资建设管理	1

续表

驱动力	二级指标	赋分标准	赋值（分）
市场力	市场吸引力	拥有五级旅游资源	5
		拥有四级旅游资源	3
		拥有三级旅游资源	1
		成功创建国家 AAAAA 级旅游景区	5
		成功创建国家 AAAA 级旅游景区	3
		成功创建国家 AAA 级旅游景区	1
	市场距离力	距主要客源市场不超过 50 千米，在半小时经济圈内	5
		距主要客源市场 50—100 千米，在 1 小时经济圈内	3
		距主要客源市场超过 100 千米，在 2 小时经济圈内	1
	人口规模力	主要客源市场人口在 1000 万人以上	5
		主要客源市场人口在 500 万人以上	3
		主要客源市场人口在 100 万人以上	1
	市场购买力	主要客源市场城镇居民人均可支配收入 5 万元以上	5
		主要客源市场城镇居民人均可支配收入 4 万元以上	3
		主要客源市场城镇居民人均可支配收入 3 万元以上	1

注：1. 赋分标准可根据不同地区和乡村的具体情况进行调整。2. 同一指标下符合多种赋分标准者只赋值一次，取最高值。3. 每种驱动力总分值不超过 20 分。4. 旅游资源评级见国标《旅游资源分类、调查与评价》（GB/T 18972—2017），国家级风景名胜区、自然保护区、旅游度假区、森林公园、湿地公园、地质公园、矿山公园、非物质文化遗产、重点文物保护单位、传统村落等旅游资源可认定为五级旅游资源；省级可认定为四级旅游资源；市级可认定为三级旅游资源。

第三节 基于模型划分的四类乡村及其振兴路径

一 乡村四分类

通过参考驱动力二级指标的赋分标准和各乡村的实际情况，可较便利地计算出每个目标乡村的市场力和行政力大小。本模型市场力和行政力的总分值范围在 0—20 分，本书以驱动力最高值的 1/2（10 分）为分界点，依据乡村市场力的大小（Big or Small）和行政力的强弱（Powerful or Weak），将乡村分为四种类型，分别是 BP 型（市场力大、

行政力强型)、BW 型（市场力大、行政力弱型）、SP 型（市场力小、
行政力强型）和 SW 型（市场力小、行政力弱型），如图 6-3 所示。将
目标乡村的市场力和行政力的总分值投入下图象限中，即可区分出乡村
的类型及其旅游发展驱动力的大小强弱。

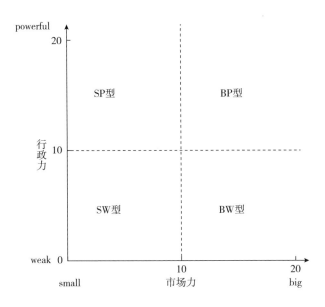

图 6-3 基于市场力和行政力的乡村旅游发展四分类

二 四类乡村旅游开发与乡村振兴路径

不同类型的乡村，其发展的驱动力明显不同，在发展乡村旅游和推
进乡村振兴过程中应选择的路径也不同。乡村应该根据自身旅游资源的
禀赋差异、地理和经济区位、产业发展情况和上级部门支持力度等，因
地制宜地探索符合本村实际的乡村振兴路径。

（一）BP 型乡村

该类型乡村具有市场力大、行政力强的特点，一般距离城市较近，
客源较充足，旅游资源级别也较高，且备受地方政府关注，是最适合优
先发展乡村旅游的乡村类型。其乡村振兴的路径可选择以下几个步骤。

1. 充分利用政府资源，夯实乡村旅游基础

发展乡村旅游，夯实旅游基础设施是前提。本类型乡村应该充分利

用政府关注的优势，在乡村振兴前期大力争取政府的政策性倾斜和财政资金支持。尤其是向上级部门争取大型投资项目在本村落地。

利用国家和省市级政府的宏观政策，做好乡村旅游带动乡村全面振兴的总体发展规划，积极争取上级财政专项资金进行道路交通、旅游接待、环境卫生等基础设施建设，提高乡村旅游接待能力。利用官方渠道进行旅游宣传，获取官方指定的定向客源。

积极争取领导注意力，邀请地方领导前往本村进行调研、考察或视察。运用"现场主义"的方法让领导了解乡村实际，进而推动相关政策的落实和相关政策的完善。争取将领导有限的"注意力"资源分配给本村，将"注意力"下沉到政策执行一线。

成立旅游项目运营公司，吸引国有企业投资占股，并联合村集体经济实施乡村休闲旅游精品工程，打造一批自主经营的精品旅游产品，推动乡村景区、民宿、餐饮、娱乐等方面的提质升级。进而推动现代乡村服务业的发展，完善乡村旅游休闲、文化体育、餐饮购物和信息中介等生活服务。

2. 坚持市场主导地位，优化乡村资源配置

待旅游市场较成熟后，要将政府职能转变为服务和监管，坚持市场的主导地位，发挥市场在乡村资源配置中的决定性作用，推动乡村振兴资源优化配置，激活乡村振兴主体积极性，借助竞争大幅度提高乡村资源的利用效率。

吸引社会资本参与乡村振兴，推进乡村景区景点建设。在乡村休闲旅游精品工程的基础上，提供优惠条件，让社会资本参与乡村旅游资源的开发，进一步提高乡村旅游资源的市场吸引力，形成景区景点的规模效应，焕发乡村旅游活力。

鼓励民营经济主体参与乡村振兴重大项目的建设，引导民营资本与村集体经济组织深度融合，创新集体资本与民营资本混合的新型经营方式，探索农村混合所有制。在保留村集体经济自营业态的基础上，积极开展招商，吸引民营资本入驻。

以市场需求为导向，丰富乡村旅游业态。通过吸引民营资本和创业人才的进驻，为乡村引入文创、研学、康养、休闲、展览、购物和民宿等新型业态，满足游客个性化、多样化需求，培养丰富稳定的游客群

体。同时，扶持本地村民创新创业，为市场打造多元化、特色化的乡村旅游产品体系。

3. 推进农工文旅融合，实现乡村全面振兴

乡村旅游的发展，不仅可以带动乡村农产品的销售，增加农产品附加值，还可以优化提高农村加工业的生产结构，解决乡村农副产品相对过剩和农民增收问题。进而推进乡村的第一、第二、第三产业融合，产业链延伸和农业多功能拓展创新，实现乡村的产业、人才和生态等振兴。

推动农旅产业融合。在已建成现代农业园区和家庭农场的基础上进行农业景观打造，完善观景台、采摘园、休闲步道和旅游厕所等旅游设施，发展休闲农业、创意农业、品牌农业，创建农村产业融合发展示范园。进而打造以农民合作社为载体、农业综合开发为手段，集现代农业、创意农业、休闲旅游、农事体验、田园社区于一体的田园综合体。

探索农产品加工业与乡村旅游的融合。引入研学科普游新业态，深入挖掘农产品加工、食品安全、农业科技等知识文化，以研学旅行、工业旅游为主要抓手，与县域中小学校开展广泛合作，形成标准化工业研学产品体系，普及农产品、食品科学知识，传播科学思想，将加工厂打造成为集加工生产、文化普及、旅游服务于一体的产业融合示范基地。

带动人才振兴和生态振兴。乡村有产业才能有人气，人气反过来也会进一步推动产业发展。在推动三产融合发展的基础上，乡村还要重视乡村的专业人才队伍建设，坚持培养和外引相结合，引导大学生返乡、能人回乡、企业家入乡，带动乡村人才振兴。同时，利用旅游业"无烟绿色"的特点，统筹乡村的山水林田湖草沙系统治理，保护乡村生态，打造农民安居乐业的生态家园，推动乡村生态振兴，进而实现乡村的全面振兴。

（二）BW 型乡村

该类型乡村具有市场力大、行政力弱的特点。通常位于经济较发达的城市周边，消费者购买力强，潜在客源基数大，适合优先发展乡村旅游。其乡村振兴的路径可选择以下几个步骤：

1. 发挥市场主导作用，打造特色文化品牌

充分发挥市场的调节作用，利用竞争激发市场主体活力。在一些非

关键业态和领域，乡村要逐步放宽经营限制，降低市场主体尤其是小微主体的市场准入门槛，鼓励传统手工业、特色餐饮、便民服务、网红商铺等特色业态加入，促进乡村小微主体的创业就业，适度增加市场竞争，激发乡村市场的主体活力，推动市场高质量发展。

以文塑旅，以旅彰文，打造乡村文化内核。深度挖掘乡村在地文化，注重文化延续，发挥本村文化优势，打造具有独特辨识度的文化品牌或文化 IP，逐渐凝练出村庄独有的文化内核，提升乡村的市场核心竞争力。实施文化产业赋能乡村振兴，突出地方特点、文化特色和时代特征打造乡村振兴的文化高地。

打造龙头引流项目，提高市场吸引力。重视龙头引流项目的关键作用，通过招商引资和集体经济发力，集中力量建设 1—2 个资源级别高、市场吸引力大的龙头项目作为乡村旅游发展的"火车头"。在具备吸引足够人流量的条件下再通过市场的手段丰富服务项目和产品。

2. 强化政府规划引导，规范市场经济秩序

从全局出发，做好乡村旅游总体规划。行政机关要重视规划的引领作用，明确规划是乡村振兴的重要保障，从宏观上规划好乡村的发展方向。确保市场上的各个主体，按照规划的方向良性发展。并以全域规划的理念为指导，既突出重点，又统筹协调，让乡村旅游成为乡村振兴的表现形式和有力抓手，引领乡村经济发展，助力乡村生活富裕。

规范市场秩序，加强市场监督管理。乡村行政管理机构要制定新的村规民约，约束市场环境下各市场主体的行为，引导乡村居民开放包容、心怀感恩。采取有力措施制止市场上的不正当竞争，为市场竞争创造良好的环境和条件。加强乡村旅游市场监管，设立乡村旅游市场白名单和黑名单，嘉奖优秀诚信商家，打击商业欺诈、虚假宣传，确保乡村旅游经营主体诚实守信、遵纪守法。

做好市场服务，完善和维护公共设施。行政机关要做好旅游基础服务，协调、提供充足的旅游项目建设用地指标，完善乡村旅游接待中心，建设充足的生态停车场和公共卫生间。在要素保障、物资调配、资金投入、品牌提升和人才供给等方面提供有力保障。

3. 推进乡村共建共享，实现乡村共同富裕

发展集体经济，参与分享市场红利。乡村要加快完成农村集体产权

制度改革，通过颁发集体资产股权证、不动产权证和土地承包经营权证，确立集体经济组织的法人主体和市场地位，确认当地居民的集体经济组织成员身份，实现"资源变资产、资金变股金、农民变股东"。并积极成立乡村旅游项目运营公司，由村集体经济控股管理，同时吸引社会资本投资占股，通过收益分配、保底分红等方式使村民共享乡村旅游成果。

抓实就业帮扶，防止规模性返贫。关注乡村脱贫人口的生存现状，摸清脱贫人口的就业意愿，在集体经济成立的公司中提供与之需求相适应的就业岗位，落实脱贫人口的就业帮扶，帮助脱贫人口稳收增收，确保乡村不发生规模性的返贫。同时，完善就业政策，尽力保证兜底安置，筑牢防返贫底线，巩固拓展脱贫攻坚成果。

引导当地居民创业，激发乡村创新活力。乡村要搭建新村民与当地居民的交流沟通平台，开展创业经验分享、创业培训，引导当地居民发展民宿、客栈、特色餐饮、家庭农场等创业项目。坚持"发展成果由人民共享"的理念，激发当地居民的创新创业活力，争取消除乡村的两极分化，帮助全体村民通过创新创业和辛勤劳动达到共同富裕。

（三）SP 型乡村

该类型乡村的典型特征是市场力小，行政力强。由于旅游业是敏感性产业，极易受到国内国际形势变化的影响而产生剧烈波动，高度依赖市场需求的变化。因此，对于市场力较弱的村庄，先行开发乡村旅游不是最优路径。一些村庄借助上级部门财政资金的大量投入，在市场不成熟的条件下强行开发的一些"政绩工程"，通常因难以负担后期的运营成本而关门歇业，造成财政资金的极大浪费。而另一些村庄充分发挥自身的政策和财政支持优势，利用行政资源补齐自身的市场短板，打好市场基础后再发展乡村旅游等服务业，往往取得较好的效果。

1. 发挥行政资源优势，上争外引整合资金

完善乡村基础设施，提供便民公共服务。利用国、省、市的政策倾斜和各级财政资金支持，进一步完善乡村的水、电、路、网等基础设施。实施安全饮水、农村电网升级改造工程，新建水厂、新能源充电桩、通信基站等基础设施，实现水、电、网络的全覆盖。建设旅游接待中心，提升乡村旅游接待能力。实施道路升级改造，完善交通路网，打

通乡村造血输血的大动脉，实现水、电、路、网络的整体升级，大幅提高乡村生产生活条件。

用好政策促发展，发展产业促增收。利用政策帮扶引进龙头企业，发展乡村特色产业，村民可以通过企业务工、公司股权分红、电商平台销售和土地流转等方式增收。利用对口帮扶、东西部对口协作等政策支持，采取以购代捐、农户自售等形式售卖乡村农产品，促进乡村集体增收。

整合财政帮扶资金，繁荣乡村集体经济。对上争取帮扶资金，对外吸引社会投资，以产业扶持周转基金、产业扶贫资金、土地入股等渠道，成立农民专业合作社、特色产业发展有限公司、乡村旅游公司等集体经济组织，探索"企业+专业合作社+支部+农户""公司+支部+农户"等混合经营模式，规模发展特色产业，打造乡村特色农产品系列品牌。

2. 补齐旅游市场短板，形成乡村文旅优势

推动乡村资源开发，增强市场吸引力。利用乡村自然生态和传统文化等资源优势，引进国内外有实力的旅游公司，在财政资金的大力支持下打造规模、特色突出，生命力蓬勃的新业态、新产品。积极创建高级别的农业示范园区、农商文旅体融合发展示范区和田园综合体，增强乡村旅游的市场吸引力。

提升乡村可进入性，增强市场距离力。交通设施完善、进出便捷、可进入性良好是发展乡村旅游的基础。乡村在通过行政支持改造公路的同时，大幅提升了乡村的可进入性，相对缩短了乡村与市场的距离，可以弥补乡村的市场距离短板，增强乡村的市场距离力。

扩大乡村影响力，增强人口规模力。除了政策、资金的支持，行政机关的帮扶还体现在宣传上。官方渠道的大力宣传可以快速提高目标乡村的知名度和影响力。而影响力又是乡村的重要软实力，影响力的扩大会带动客源的增加以及旅游市场的扩大，从而增强乡村旅游的人口规模力。

3. 大力推进农旅互融，提升品质树立品牌

以旅促农，农旅互融，推动产业升级。在行政资源的支持下，乡村旅游的市场短板逐渐补齐，通过乡村旅游反哺农业，不仅可以提升农产

品的附加值，还有利于推动乡村产业升级。如将果蔬种植、中草药种植、动物养殖与旅游融合，开展果蔬采摘、研学科普、康体养生、萌宠互动等活动，可以有效提高土地利用效率，提升农产品价值，实现农业与旅游的良性互补。

发展特色旅游，树立鲜明品牌。除发展常规旅游新业态外，乡村还可以利用自身的行政扶持优势，打造弘扬脱贫攻坚、乡村振兴帮扶精神的红色旅游。通过梳理政府帮扶行动的丰功伟绩，凝练出乡村独有的帮扶精神，结合村史馆（游客接待中心）的介绍，大规模开展红色主题教育、干部学习培训等特色旅游，打造红色旅游的重要目的地。

提升旅游品质，提高游客体验。乡村旅游想要可持续发展，好的旅游品质和体验必不可少。乡村要围绕"食、住、行、娱、购、游"等方面完善旅游配套设施，提升村庄的旅游接待水平。尤其要注重特色美食的开发、酒店民宿的装修维护和娱乐项目的打造，推进乡村旅游集聚区的建设，大力实施农村产业融合发展项目。

（四）SW 型乡村

该类村庄的特征是市场力小，行政力弱。其位置往往较为偏远、地形或交通条件较差、旅游资源不够突出，也未充分享受到政府政策和资源的倾斜，产业发展较为困难，旅游业更是难以起步。因此，该类村庄短期不应将目光放在乡村旅游上，而是应优先重点发展更能产生效益的现代农业或者加工业。利用有限的资金和资源，做优现代农业，做强农产品加工流通业，按照"一产保供给、二产促增值、三产谋发展"的思路，逐渐实现乡村振兴。

1. 做优现代农业产业，实现特色化规模化

坚持以农为本，扎实推进农业现代化。农业是乡村的主体产业，是乡村基础价值的体现。乡村要振兴，发展现代农业产业是基础。乡村应紧密围绕市场需求的变化，以提高农产品质量产量为主攻方向，优化粮食、畜牧、水果、种子等产品结构，推广优良品种，以现代农业园区的打造为抓手，"园区化"引领农业"现代化"，通过农业产业的发展带动乡村增收致富。

打造特色农业品牌，提升农产品附加值。品牌打造是推动农业产业进一步提档升级，提升农产品附加值和单位面积耕地创造价值的重要渠

道，在农业产业发展中举足轻重。乡村应重点发展具有地域特色的现代种养业，培育名特优新农产品、地理标志农产品，积极参选农业品牌精品培育计划和农业品牌目录，形成特色农产品优势区，进而打造农业优势特色产业集群，以农业品牌化、标准化推动农业提质增效。

实现农业规模化经营，提升市场竞争能力。农业的规模化经营可以节约耕种、人力和土地成本，提高劳动力生产效率，促进先进技术、优良品种及现代化装备的应用，增强农业竞争力和农户抵御风险的能力，实现规模经济。更重要的是，可以通过规模化的种植和养殖，形成壮观的农业景观，为发展旅游业等第三产业打下良好的基础。

2. 做强农产品加工业，完善流通及服务业

做大做强农产品加工业。农产品加工业连接工农、沟通城乡，行业覆盖面广、产业关联度高，具有非常强的增收作用。乡村要重视农产品加工的提升行动，大力支持农民合作社、家庭农场和中小微企业等新型经营主体发展农产品的产地初加工，有条件地探索建设农产品精深加工示范基地，开发多元产品，打造产业发展集群。特别关注预制菜加工和"菜篮子"产品加工等新兴业态。

完善农产品流通网络。积极开展产销对接，利用政策补贴降低物流成本，引导农产品流通企业向产地下沉，构建完善的流通网络，改善乡村农产品流通体系，服务好种养殖业和农产品加工业。解决乡村流通成本高、产供需不匹配、信息渠道不畅、农产品滞销等现实问题。

振兴乡村服务业。乡村服务业是现代服务业的重要组成部分，在乡村产业兴旺和农村生产生活需求旺盛的条件下，可以积极培育经营性服务组织，发展农资配送服务、农技推广服务、农机作业服务、农业生产托管服务、农业废弃物资源化利用服务等业态，并根据市场需求的变化及时拓展服务内容。针对不同行业、不同品种、不同服务环节，提升产业综合服务的集约化水平，推动第一、第二产业进一步发展。

3. 循序渐进发展产业，乡村旅游锦上添花

因地制宜发展乡村旅游。当乡村的现代农业、农产品加工业、流通服务业发展到一定阶段，地区经济实力显著增强，乡村基础设施大大改善，旅游配套设施初具雏形，旅游可进入性转好时，再大力推进旅游产业的布局，使旅游产业与其他产业实现产业配套、产业互补和产业融

合，实现锦上添花。切不可在条件不成熟时盲目举债超前发展乡村旅游，应循序渐进开发，做到"一产保供给、二产促增值、三产谋发展"。

乡村旅游带动农业转型升级。利用家庭农场、农业园区等既有基础，通过农文旅融合业态的创新，使农业焕发新的生命力。鼓励农户、家庭农场或集体经济根据市场需求定制生产个性化农产品，开展农事体验游，吸引消费者参与到农产品生产过程，拓展市民农园、土地租赁、土地管家等服务业务，协助消费者开展种植管理、劳动教育、农产品采摘及快递到家，发展"定制农业+农耕文化+农事体验游"的新业态。或是挖掘农业园区的产品特色，通过主题化、体验化、场景化手段丰富园区文化内涵，打造柑橘王国、蔬菜王国、土豆城市和番茄庄园等一系列主题农业园区。发展乡村文化体验、田园观光和乡村休闲度假等第三产业，延长农业产业链，实现"主题农业园区+乡村文化+观光休闲游"的农文旅融合。

乡村旅游提升农产品加工流通业。抓住消费者食品安全方面痛点，拓展农产品定制化加工、工业科普研学、食品安全知识普及等业态，协助消费者开展研学旅行、劳动教育、农产品物流等高收益项目，建立起田间与餐桌、农户与消费者、乡村与城市的全方位链接。同时，充分利用特色农产品集聚的优势，打破农贸市场单一的农产品流通功能，将集创意手工、农耕文化、消费者社交、休闲购物于一体，将文化、旅游与农产品流通环节紧密融合，打造全新的农文旅融合场景，发展"农贸市场+创意文化+乡村购物游"融合新业态。

第七章

四川省脱贫地区四类乡村案例

在四川省脱贫地区选取具有代表性的四个村进行案例研究。选取标准主要依据脱贫村的市场力的大小（Big or Small）和行政力的强弱（Powerful or Weak），四个脱贫村分别为市场大行政强型（BP型）石椅村、市场大行政弱型（BW型）明月村、市场小行政强型（SP型）悬崖村、市场小行政弱型（SW型）马安村。除选取汉族地区的脱贫村，还选取了民族地区比较有代表性的脱贫村。对研究对象采用案例研究法，分析脱贫村的文旅资源特性与现状、主要做法、取得成效、案例启示等。用于佐证本书的主要思路和观点，以期为新时代乡村旅游开发和乡村振兴工作提供一些启示。

第一节　北川县石椅村（BP型乡村）

一　基本情况

石椅村位于四川省绵阳市北川羌族自治县曲山镇，又名石椅羌寨（羌语称"拿巴日格"），因村内一座天然双人石椅而得名（见图7-1）。全村面积3.5平方千米，辖3个组104户352人（统计时间为2023年8月）。村里群山环抱，平均海拔1200米，山清水秀、云雾缭绕，被誉为"云朵上的山寨"。但也因为大山的地形阻隔了村里和外界的交往，长期以来阻滞村里发展的步伐，曾经是全县典型的贫困村，因为不通公路，群众过着上背下担的生活，有农副品也卖不出去，修路成为全村的心愿。1986年，依靠全村集资和政府协调，村子终于修通了第一条上山的毛路。到2006年，在上级政府和国有企业的帮扶下，村子前后山的公路得以贯通，汽车来往畅通无阻，距离县城的车程仅需10多分钟，村里迎来发展的快车道，村民纷纷返乡开办农家乐，发展水果和旅游产业。到2008年之前，村里已有7户农家乐，年人均纯收入达到8000元。

图 7-1　石椅村的天然石椅

资料来源：笔者自拍。

2008年，在汶川特大地震中，村子受灾较为严重。依靠上级部门拨出的灾后重建专款，村子对全村房屋的布局和风貌进行了统一规划，选择在靠近村口的位置修建了寨门、文化广场、游客接待中心等设施（见图7-2），为村里搞活旅游产业奠定了基础。还请来非物质文化遗产"羌年"传承人，将迎宾、敬酒、篝火三大富有民族特色的仪式活动重现村中。2009年12月，石椅村作为"5·12"汶川特大地震后，北川第一个完成风貌再造的村落，全体村民喜迁新居。震前7家农家乐全部恢复，还有更多的村民也开起了农家乐，吃上了旅游饭。2010年村里成立旅游专业合作社，作为村里旅游发展的重要平台。至2012年，石椅村村民的人均纯收入已经达到了1.6万元。石椅羌寨寨门已经成为石椅村的标志性建筑，文化广场则是全村的活动、文旅中心。

羌族传统文化搭上了乡村振兴的快车，新生的石椅村迎来了快速发展的时期。先后荣获全国文明村等国家级荣誉9个、四川省天府旅游名村等省级荣誉19个、绵阳市首批最美乡村等市级荣誉10个。2023年1月18日，习近平总书记视频连线看望慰问石椅村干部群众时称赞"新

图7-2　石椅村文化旅游设施

注：a、b为石椅村寨门；c为文化广场；d为接待中心。

资料来源：笔者自拍。

时代的乡村振兴，要把特色农产品和乡村旅游搞好，你们是一个很好的样子，希望大家继续努力，百尺竿头更进一步，在乡村振兴中取得新的更大成绩"。

二　类型判断

通过本书构建的"双力"模型进行分析，北川县石椅村是汶川地震灾后重建村，获得了来自全国范围内的资金、物资和山东省对口援建支持，政策引导力强。村庄建设获得了房屋重建政府补贴、乡村振兴补助资金等财政专项资金3500万余元。其中，投入1500万余元新建和维修房屋面积5.2万平方米。整合11个部门、20个项目、2083.18万元资金实施了村庄基础设施建设提升工程，对石椅村村民住房进行风貌改造，使建筑更加具有羌族传统风格，有一定的财政支撑力。得到了习近平总书记的看望慰问。受到了四川长虹电子控股集团有限公司等市属国有企业的大力帮扶，公路等基础设施得到较大改善，国资中坚力作用明显。通过对行政力的二级指标进行赋值，得到北川县石椅村的行政力总分为 14 分（见表 7-1）。

表 7-1　　　　　　　　　　石椅村旅游发展驱动力得分

驱动力	二级指标	赋分标准	赋值（分）
行政力	政策引导力	汶川地震灾后重建村	5
	财政支撑力	财政专项资金投入小于等于 5000 万元	1
	领导注意力	国家领导人关注	5
	国资中坚力	市属国有企业参与投资建设管理	3
总计			14
市场力	市场吸引力	浓郁的羌族文化，紧邻"5·12"汶川特大地震纪念馆	3
	市场距离力	距主要客源市场不超过 50 千米，在半小时经济圈内	5
	人口规模力	主要客源市场人口在 100 万人以上	1
	市场购买力	主要客源市场城镇居民人均可支配收入 4 万元以上	3
总计			12

市场力方面，北川县石椅村作为少数民族村寨，具有浓郁的羌族文化，距离"5·12"汶川特大地震纪念馆约 2 千米，有较强的市场吸引力。距离北川羌族自治县 37 千米，距离江油市和绵阳市约 50 千米，在北川、江油市和绵阳市半小时经济圈内，市场距离力强。主要客源市场绵阳市的常住人口为 489.8 万人（据 2022 年统计数据），有一定人口规模力。主要客源市场绵阳市城镇居民人均可支配收入 4.51 万元/人（据 2022 年统计数据），市场购买力较强。通过对市场力的二级指标进行赋值，得到北川县石椅村的市场力总分为 12 分（见表 7-1）。

将计算得出的石椅村市场力和行政力得分投到"双力"模型判别图中（见图 7-3），可清晰判别出石椅村为 BP 型乡村。乡村的行政力强，有大量的政策和财政资金支持，备受领导和地方政府关注，有实力强的国有企业参与投资建设管理。同时，旅游资源级别较高，距离主要客源市场较近，客源较充足，乡村旅游的市场力大，非常适合优先发展乡村旅游。

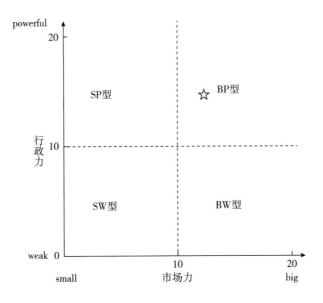

图 7-3 石椅村"双力"模型判别

三 主要做法

（一）依托政策和财政支持，突出规划夯实基础

1. 利用灾后重建支持，高起点规划村庄建设

按照"以羌族文化和新村建设推动乡村生态旅游业发展，以旅游产业拉动特色效益农业发展"的思路，依托青岛市城市规划设计研究院和建筑设计研究院力量，对汶川特大地震后的石椅村进行整体规划设计，高起点将农房重建与当地羌俗文化传承发展和未来产业发展相结合，采取"一户一园、一园一景、连点成片、四季如画"的发展模式，投入1500 万余元新建和维修房屋面积 5.2 万平方米，打造"川西第一羌寨"。

2. 整合村庄优势资源，大力发展集体经济

实施资源整合优化工程。整合全村土地资源集体发展五星枇杷、苔子茶等特色农业，建立合作社与农户的利益联结机制，吸纳本村及友邻村 107 户入股石椅村水果专业合作社，带动入社群众人均增收 4000 余元。采取群众住房、果园、土地、现金等入股方式，组建北川石椅羌寨羌俗旅游股份有限公司，发展培育农家乐、家庭农场等经营主体，实现第一、第三产业互动升级。共培育接待经营户 23 户，从事农文旅产业92 户，占全村的 88.4%。

3. 优化基础设施配套，夯实乡村旅游基础

实施基础设施建设提升工程。整合项目资金，对石椅村村民住房进行风貌改造，使建筑更加具有羌族传统风格。同时，建设羌寨大门、广场和接待中心，高标准修建进村入组公路 5 千米，合理安装太阳能装置和低碳节能路灯 100 个，优化设计村入口大型广告牌，增设灯笼 600 余个、羌红等节点装饰 100 余处，为搞活旅游产业奠定坚实基础。实施环境整治美化工程，改厨房、改厕、改院落各 104 户，修建污水处理池 11 个、垃圾回收站 1 个，设置垃圾桶 140 余个，解决农村垃圾乱丢乱扔、污水乱排乱放问题。采取"示范点+公益性岗位+督查考核"模式，聘请 3 个公益性岗位，组建 3 支村级保洁队伍，督促群众逐渐形成院落道路整洁、庭院亮净、物品农具摆放有序的好习惯。采取"一户一园一景"的方式，打造格桑花、芍药花、毛叶山桐景观带和中药材观光园、游步道等景观，进一步扮靓羌寨颜值。

（二）坚持市场需求导向，突出乡村业态创新

1. 培育壮大市场主体，唱响招商推介"歌"

为满足游客日益多样化的旅游需求，村庄着重发展农家乐、民宿、手工艺作坊等旅游市场主体，实现市场主体规模化，全力打造一流的、具有民族特色的乡村旅游目的地。全村共培育 24 家羌乡农家乐，编制了"羌滋北味"美食菜谱，制作了特色餐具，提升了禹羌文化特色。村庄重视招商运营，与四川省旅投集团在旅游规划、景区开发、投资运营等方面开展战略合作，不断优化乡村旅游产业链各环节。引进浙江新时代乡村研究院、中国未来乡村数字中心运营石椅村片区乡村旅游，积极组织石椅村片区经营主体参加"绵品出川"系列活动 8 次，实现销售收入 188 万元，签订意向订单 2786 万元。

2. 积极开发旅游项目，推动业态多元共生

为应对旅游产品种类单一、旅游附加值低、文创类产品单一、民族文化不鲜明等短板，村庄围绕"食、住、行、游、购、娱"各环节，紧盯旅游业态的融合和创新，开发出多个旅游产品和项目，如羌年、口弦、羌笛 3 项国省市级非遗项目。开发了羌绣、手工苔子茶等多项非遗产品，固定开展 3 月赏花采茶节、6 月瓦尔俄足节暨枇杷节、7 月李子节和冬至年猪节 4 期民俗节庆活动。另外，通过学习借鉴浙江省成功案例，开拓出"一米菜园"项目（见图7-4），由村集体经济公司牵头，通过整理村内林下闲置土地资源，采用竹篱笆、旧砖碎瓦等进行围挡，形成低矮菜园，种上时令蔬菜，供游客认领体验采摘，美化环境的同时丰富了业态，既让远方的游客实现"云上田园"，也让家乡的群众增收致富。目前，石椅村已试点开发"一米菜园"101块2991平方米，可为村集体经济每年增收89730元。

图7-4　石椅村"一米菜园"业态

资料来源：笔者自拍。

3. 创新产销融合发展，"线上+线下"综合销售

依托采茶节、枇杷节等节庆活动，结合东西部扶贫协作，采取"线上+线下"融合销售方式，拓展电商、微商、直播带货等网络销售新模式，推动全域全季产销融合发展。2022年，村庄通过网络、快递等方式销售农产品240万元。同时，注重品牌优势效应，保障农产品优良品质，苔子茶、花魔芋先后荣获国家地理标志保护产品认证，"羌山绿宝"成功注册商标。

（三）推动农文旅融合发展，治理有效促组织振兴

1. 推动农旅产业融合

贯彻落实《曲山镇关于促进农文旅产业高质量发展的意见》、《曲山镇玉皇山片区农旅休闲乡村振兴规划》，以实施"三品"（品种改良、品质提升、品牌打造）工程为引领，依托2000余亩枇杷基地和精品苔子茶、桐子李等优良农产品资源，推出羌家坝坝宴、水果采摘、茶文化

研学等体验项目（见图7-5），开展精品腊肉、优质水果、精美羌绣等农特产品展销，提高游客参与度，推动农旅融合发展。

图7-5 石椅村文旅业态

注：a、b为餐饮民宿；c为非遗研学体验基地；d为双创基地。

资料来源：笔者自拍。

2. 创新文旅融合发展

邀请禹羌文化专家、非遗代表性传承人对导游、景区员工等开展禹羌文化知识培训，组织羌年、羌笛、口弦等非遗代表性传承人及文艺爱好者46名，常态化开展"开寨"仪式、"风从羌山来"民俗歌舞展演、羌族婚俗坐歌堂等民俗系列活动，将历史人文、地域特色、风土人情融入"食、住、行、游、购、娱"各个环节，打造石椅文化IP，推动文旅融合发展。《羌年赋》《醉了羌山》《羌笛声中》等作品入选《中国晚霞诗集》。

3. 突出乡村三治协同

深化自治，以挂历、对联等形式广泛宣传提醒《村规民约》，成立"红白理事会""禁赌协会"，开设"农民夜校"，以学促提升，常态化推动村规民约落地。深化法治，设立警务室，常年聘请 1 名律师顾问，建立法治宣传阵地，打造乡村宣传法治走廊，组织"羌人""母舅""老命"等开展矛盾纠纷排查。深化德治，坚持每年围绕"社会公德、职业道德、家庭美德、个人品德"开展"好公婆""最美媳妇""致富能手""文明经营户"等先进典型评选活动，拍摄《云端羌寨》宣传片，形成人人争文明、个个讲风尚的浓厚氛围。强化村庄基层治理，以组织振兴带动乡村振兴。

四 取得成效

第一，全村坚持推进"班子强村、产业富村、三治治村、文化兴村、生态美村"五项举措，形成"人和、村美、业旺、文兴"的全新气象。现有枇杷、桐子李 2000 余亩，年产值可达近 800 万元。通过建立石椅村水果专业合作社，吸纳本村和邻村 107 户入股，成功打造了"羌山绿宝"农产品品牌，结合"线上+线下"不断拓展销路，每户年收入 8 万余元。全年吸引游客达 50 余万人，乡村旅游已成为村庄的一项重要产业，村民文明素质也得到极大提升。2022 年，石椅村村民人均可支配收入达 4.5 万余元。

第二，先后获得中国乡村旅游模范村、中国少数民族特色村寨、全国一村一品示范村等国家级荣誉 9 个，四川省乡村旅游示范村、省级实施乡村振兴战略工作示范村、四川省天府旅游名村等省级荣誉 19 个，以及绵阳市首批最美乡村、绵阳市民族团结进步创建活动示范村寨、绵阳市实施乡村振兴战略工作示范村等市级荣誉 10 个。

2023 年 1 月 18 日上午，习近平总书记通过视频连线看望慰问北川县曲山镇石椅村的干部群众，全村受到总书记和全国人民的关心和关注。石椅村牢记嘱托，感恩奋进，全力推进乡村振兴，以实绩实效回报习近平总书记的关心厚爱。力争通过三年努力，打造成为新时代乡村振兴的样板和示范村。

五 案例启示

（一）行政支持是基础

石椅村凭借强大的行政力支持，利用好每项政策，整合好财政资金，着力提高乡村基础设施完备度、公共服务便利度、人居环境舒适度，不断强化基础设施建设，筑牢乡村旅游发展和乡村振兴之基。首先，构建了区域交通环线。对内完善 4.6 千米旅游道路拓宽黑化，打造特色"彩虹道路"，新建多条内部产业道路，畅通组内连接道路，对外畅通片区交通网络。其次，提升了公共服务能力。对标 4A 级景区建设标准，提供饮水工程、污水处理、燃气入户、公共停车场、充电桩、警务室、卫生院等公共服务设施建设，不断健全旅游服务配套，提升石椅村旅游接待能力。最后，推进了智慧乡村建设。统筹整理全村通信网络线路，结合"平安乡村"建设，搭建乡村治理数字化平台，打造"云上石椅"智慧村务评价体系，优化整合村务、党建、文旅、安全等各类公共资源，用好现代信息技术，创新乡村治理方式，提高乡村善治水平。

（二）市场化运营是核心

石椅村没有依赖帮扶"坐吃山空"，而是积极对接市场，发展特色产业，深入贯彻落实习近平总书记"新时代的乡村振兴，要把特色农产品和乡村旅游搞好"的重要指示，把石椅村特色资源优势转化为产业优势，拓宽群众增收致富渠道，夯实乡村振兴产业支撑。因地制宜发展特色苔子茶产业，提升改造苔子茶基地 500 余亩，打造省级现代茶叶园区。发展高山水果产业，推进枇杷园扩面提质项目，创建省级枇杷农业园区，高山枇杷种植规模达 1200 亩。深挖禹羌文化，注册"石椅子"全品类商标，开发"进羌寨、住羌居、品羌宴、赏羌舞"等旅游产品，设计石椅形象 IP，开展"非遗进院落"活动，打造草编、羌绣、手工制茶、胆水豆腐等非遗体验点位，丰富文旅内涵。加强招商运营，与大型旅游集团在旅游规划、景区开发、投资运营等方面开展战略合作，不断优化乡村旅游产业链各环节。

（三）组织领导是引领

石椅村翻天覆地的变化，靠的是党的领导和一届又一届老书记带领党员群众添砖加瓦。历届党支部充分发挥战斗堡垒作用，带领群众开山凿路、掘池引水，一场接一场硬仗打。特别是邵老书记当年铸就的"大岩路"精神，不仅为石椅村带来了新生，更成为全村干部群众的精神支柱，影响着村庄一代又一代人。村庄还建立起村后备干部储备库，把村里有文化、懂经济、品行好的年轻人纳入储备库并发展培养为党员，选入班子加强锻炼，不断增强治理本领和能力，确保村域世代发展接续。

目前，绵阳市还组建了石椅村乡村振兴工作专班，抽调骨干力量蹲点驻村，一线督导协调，高效率推动工作任务落实。明确以建成"全国实施乡村振兴战略示范村""全国民族团结进步示范村""全国乡村旅游重点村"为目标，力争通过三年努力，打造成为新时代乡村振兴的样板和示范村，带动石椅村片区实现年游客量突破 100 万人次、旅游综合收入突破 10 亿元、人均可支配收入突破 10 万元、村集体经济收入突破 100 万元，为石椅村发展绘就了蓝图，明确了方向。

第二节 蒲江县明月村（BW 型乡村）

一 基本情况

明月国际陶艺村位于唐宋茶马古驿蒲江县甘溪镇，和成都主城区仅相隔 90 公里，108 国道穿境而过，交通便捷。它地处蒲江、邛崃、名山三县（市、区）交界处，属浅丘地区，村子面积 11.38 平方千米，森林覆盖率 46.2%，拥有 7000 亩生态雷竹、3000 亩生态茶园（见图 7-6）。2021 年，全村共辖村民小组 25 个，总人口 4086 人，1237 户，60 岁以上老年人口 694 人，占全村人口的 17%，劳动力人口 3150 人，占全村人口的 77%（林梦茹，2021）。

图 7-6 明月村的竹林（a）与茶园（b）

资料来源：笔者自拍。

明月村现有 4 口古窑,这些古窑均属于邛窑窑系,历史悠久,而出自此窑系的邛三彩在中国陶瓷史上占有一定的地位。其中,明月窑距今已有 300 多年的历史,从清代一直使用到当代,被称为"活着的邛窑"。2008 年汶川地震后,明月窑也遭到了地震破坏,一直闲置。直到陶艺爱好者提出了修复明月窑的建议,蒲江县政府高度重视,并进行牵头规划,明月窑得以修复。2012 年,明月村趁邛窑修复的契机,启动了"明月村国际陶艺村项目",引入 41 个文创项目,100 余名创客,以陶艺文化为载体,开始了明月村文创旅游型乡村的营建之路。继首期明月窑、蜀山窑陶瓷艺术博物馆、远远的阳光房草木染工房等 16 个文创项目成功建成并取得较好反响后,明月剧场、呆住堂等 25 个项目也迅速建成并开放运营,还带动发展了 27 个村民文创旅游创业项目。

早在 2009 年以前,明月村还是一个发展缓慢、鲜为人知的贫困村,人均年收入仅几千元。2009 年后,村庄践行农文旅融合发展模式,以打造西部文创中心田园样板为目标,实施明月国际陶艺村项目建设,一个"产业兴旺、生态宜居、乡风文明、治理有效、生活富裕"的幸福美丽新村逐渐呈现。据村干部统计,2022 年,明月村农民年人均可支配收入达 30086 元。先后被评为四川省乡村旅游创客示范基地、中国乡村旅游创客示范基地、四川省文化产业示范园区等。

二 类型判断

通过本书构建的"双力"模型进行分析,明月村曾经是成都市市级贫困村,享受一定的政策倾斜,后被评为省级乡村振兴示范村,有较强的政策引导力。蒲江县政府支持明月村发展文化产业,通过文化创意发展陶艺以带动地区经济的发展,在第四届中国成都国际非遗节上大力推介明月国际陶艺村项目,使项目实现快速签约。村庄还获得了政府财政产业扶持资金,该扶持资金入股村合作社,占合作社股权的 1/3,且政府产业扶持部分不参与经营提成。获得的财政专项资金投入小于等于 5000 万元,财政支撑力一般。无重要领导人关注,领导注意力弱。村庄重点项目由蒲江县国资企业——蒲江县城乡建设项目管理投资有限公司(现名:成都蒲江城市运营管理集团有限公司)负责建设,公司专门成立明月村项目工作组,并委任公司副总经理担任明月村项目负责人。通过对行政力的二级指标进行赋值,算出蒲江县明月村的行政力总分为 5 分（见表 7-2）。

表 7-2　　　　　　　　明月村旅游发展驱动力得分

驱动力	二级指标	赋分标准	赋值（分）
行政力	政策引导力	省级乡村振兴示范村	3
	财政支撑力	财政专项资金投入小于等于 5000 万元	1
	领导注意力	无	0
	国资中坚力	县属国有企业参与投资建设管理	1
	总计		5
市场力	市场吸引力	拥有明月窑等省级旅游资源	3
	市场距离力	距主要客源市场 50—100 公里，在 1 小时经济圈内	3
	人口规模力	主要客源市场人口在 1000 万人以上	5
	市场购买力	主要客源市场城镇居民人均可支配收入 5 万元以上	5
	总计		16

　　市场力方面，明月村拥有丰富的自然旅游资源，是著名的茶叶种植和生产基地，茶叶种植面积广，还是四川省最大的雷竹笋种植基地，竹林和茶园相互映衬，成就了明月村优美的生态自然风光。村庄的民居属于川西林盘风格，优美的居住环境，吸引了各地的艺术家。拥有的明月窑是一座存在近 300 年的邛窑老窑口，汶川特大地震前一直在生产，被称为"活着的邛窑"，其烧制工艺完整继承了唐代技艺，是明月村最具代表性的人文旅游资源。村庄的旅游资源和陶艺文化底蕴可以达到省级旅游资源的级别，具有较大的市场吸引力。距离主要客源市场——成都主城区约 90 千米，在 1 小时经济圈内，市场距离力较大。2023 年年末，成都市的常住人口为 2140.3 万人，主要客源市场人口在 1000 万人以上，人口规模力非常大。2023 年成都市城镇居民人均可支配收入达5.45 万元/人，主要客源市场的城镇居民人均可支配收入 5 万元以上，市场购买力大。通过对市场力的二级指标进行赋值，算出蒲江县明月村的市场力总分为 16 分（见表 7-2）。

　　将计算得出的明月村市场力和行政力得分投到"双力"模型判别图中（见图 7-7），可清晰判别出明月村为 BW 型乡村，具有市场力较大但行政力弱的特点。村庄的旅游资源级别较高，文化底蕴深厚，交通条件良好，方便游客出行。靠近成都主城区这个庞大的客源市场，客源非常充足，乡村旅游的市场力非常大，适合优先发展乡村旅游。而该村的行政力偏弱，没有大量的政策和财政资金支持，未备受重要领导关注，缺少实力强的国有企业的参与。总而言之，明月村地处成都周边，适合发展大城市居民的乡村休闲游、度假游，其乡村旅游发展的主要驱动力来源于优越的地理位置、强大的消费者购买能力及庞大的潜在客源基数。

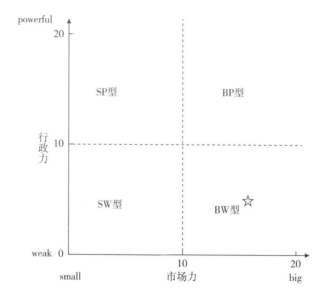

图 7-7 明月村"双力"模型判别

三 主要做法

（一）传承与创新——促进原工艺+新技术的融合

明月村坚持"以文塑旅，以旅彰文"，深度挖掘乡村在地文化，注重文化延续，发挥本村制陶文化优势，打造了具有独特辨识度的陶艺文化品牌，逐渐凝练出村庄独有的文化内核，提升了乡村旅游核心竞争力。

明月窑是一座存在近 300 年的邛窑老窑口，曾经是一家烧制日常生活用品的作坊，原称"张碗厂"，汶川特大地震前一直在生产，被称为

"活着的邛窑"，其烧制工艺完整保存了唐代技艺。村子在保护传承好邛窑制作技艺的基础上，引进了蜀山窑、清泉烧、火痕柴窑等制陶项目（见图7-8），这些制陶项目的技艺、工序及器形各有特点，为古老的明月村注入新的活力。并与韩国、日本陶艺家开展陶艺文化交流，开阔了视野，提升了本土陶艺水平。

图7-8　明月村陶艺项目

注：a为蜀山小筑；b为成都蜀山窑陶瓷艺术博物馆招牌；c为明玥里陶艺；d为火痕柴烧。

资料来源：笔者自拍。

蒲江县的草木染文化历史悠久，可以追溯到清朝年间。当时，全国各地迁移至蒲江的人，将各地的染布技艺带到蒲江，与蒲江县本地的土布染织工艺相结合，创造出了当地独具特色的草木染。草木染的原材料为板蓝根，制作的过程十分环保。到民国时期，随着时代的进步，机器织布的影响，当地的很多染坊倒闭，草木染技艺也随之淡出人们的视线。直到明月国际陶艺村项目的开发，积极引进了"岚染工坊""锦

印""远远的阳光房草木染工房"等文创项目（见图7-9），使草木染
这一非物质文化遗产重新进入人们的视野。

图7-9 明月村草木染项目

注：a、b为岚染工坊；c、d为锦印工坊。

资料来源：笔者自拍。

同时，明月村引入明月轩篆刻传习所、皮影艺术、博物馆等项目，
鼓励传统手工业、特色餐饮、便民服务、网红商铺等特色业态加入，通
过发挥市场的调节作用，利用竞争激发市场主体活力。不但丰富了明月
村的文旅业态，还促进了乡村小微主体的创新创业，推动了市场高质量
发展。

（二）保护与发展——促进原生态+新风尚的融合

政府部门从全局出发，通过规划引领明月村乡村旅游的发展。蒲江
县制定了《蒲江县促进文化创意和旅游产业发展若干意见》，在资金投
入、要素保障、产品开发、品牌提升、人才培养、土地保障等方面为明
月村发展文创旅游提供坚强保障，并投入4000万余元，完成了游客中

心、8.8 千米旅游环线、7 个生态停车场和 4 个公共卫生间等基础设施建设（见图 7-10），完成明月环线植物景观提升及导视牌安装，不断完善停车场、景观步道、水电气线路、排污系统和导视系统等设施，还启动了水系整理、垃圾分类和智慧旅游等项目。茶山、竹海、松林是明月国际陶艺村不可缺少的生态本底，原生态的乡村风情加上高品质的设施配套，使明月村美观、宜游，留得住客人。

图 7-10　明月村基础设施

注：a 为游客中心；b 为公共卫生间。

资料来源：笔者自拍。

　　明月村还获得了 187 亩国有建设用地指标，呈点状分布在茶山竹海之中，并全部通过招拍挂出让给项目业主，这些项目包括美术馆、剧场、艺术酒店、咖啡馆、自然学堂和展厅等，建成后将形成若干个"公共文化客厅"，把高品质的城市文明带到乡村。

　　（三）共建与共享——促进当地居民+新村民的融合

　　明月村一方面制定了新村规民约，教育引导原住居民心怀感恩，开放包容，善待芳邻，诚实守信，遵纪守法。另一方面大力发展集体经济，通过农村集体产权制度改革，确认当地居民的集体经济组织成员身份，使村民共享乡村旅游成果。成立了明月村旅游合作社统筹旅游资源，运营乡村旅游配套项目，引导、培训当地农户发展民宿客栈、茶社、特色餐饮、体验农庄等创业项目（见图 7-11）。引进了 4 家社会公益组织，以明月书馆、明月讲堂、新媒体推广以及乡村文化建设培训为载体，在新村民与当地居民之间，搭建交流沟通的平台。引导艺术家和文化创客开展明月讲堂、明月夜校、明月画室书法培训。还组织开展了"明月中秋诗歌音乐会""茶山竹海明月跑"乡村马拉松等各类活动。积极消除乡村两极分化，帮助全体村民通过创新创业和辛勤劳动达到共同富裕。

图 7-11　明月村旅游合作社（a）和民宿项目（b、c、d）

资料来源：笔者自拍。

四　取得成效

通过以上主要做法，明月村以其川西林盘的独特风貌和茶山竹海的秀美环境为基底，积极发展各类文创项目，实现了乡村旅游的规范化、专业化管理，在基础设施建设、游客接待能力、本地居民增收方面取得了显著成果。2022 年，明月村接待游客 28 万人，实现旅游总收入 3900 万元，旅游产业带动当地经济增收 2200 万元。2009—2017 年，当地居民人均纯收入从 4772 元增长至 20327 元，2022 年人均可支配收入已超过 3 万元。明月村从十多年前的一个贫困村，已经变成当地人心中的"诗与远方"（段娅，2022；李婧，2023）。

2017 年 11 月，明月村获评第五届全国文明村镇。2018 年，获评"2018 年十大中国最美乡村"。2019 年 7 月，入选第二期国际可持续发展试点社区名单和首批全国乡村旅游重点村名单。同年 12 月，入选"2019 年中国美丽休闲乡村"名单和全国乡村治理示范村。2020 年 4 月，明月村被命名为 2019 年度四川省实施乡村振兴战略工作示范村。2021 年 3 月，荣获第八批"全国民主法治示范村（社区）"称号。2021 年 8 月，入选"天府旅游名村"公示名单。2021 年 12 月，被命名为四川省首批省级乡村文化振兴样板村（社区）并获授牌。2023 年，在文化和旅游部推出的 10 条长江主题国家级旅游线路中，明月村入选"长江乡村振兴之旅"旅游线路重要节点。

五 案例启示

（一）特色文化是灵魂

文化是民族的血脉，是人们的精神家园，文化繁荣发展是全面建成小康社会的重要目标。在幸福美丽新村建设中，要以文化润色旅游产业，以文化增添产业活力，以文化彰显旅游产业特色，促进乡村旅游产业的迅速发展。明月国际陶艺村的打造，就是充分挖掘和利用了当地特色陶艺文化，让新村建设有了特色文化这个灵魂，才能在众多的幸福美丽新村中脱颖而出。

（二）创新创业是核心

产业是新村建设的支撑。明月村以文创立村，创造性地引入文创产业，以此带动第一产业提升附加值，进一步促进乡村旅游发展。带项目来的人为新村民，新、老村民之间既是房东和租客的关系，又是合作者的关系，明月国际陶艺村的打造，核心要义就是创新创业，用新村民的创新，带动当地居民的创业，构建起了新、老村民共创共享理想家园的新模式。

（三）文旅融合是趋势

文化是旅游的灵魂，旅游是文化的载体，文旅融合是旅游，特别是乡村旅游发展的大趋势。明月国际陶艺村的打造找到了陶艺文化这个灵魂，找到了体验休闲这个载体，特色也就显现出来。

（四）农民致富是根本

项目的建设壮大，资本的盈利是前提，但根本在于带动当地群众增收致富，这样才能在共享中获得共建共创的不竭动力。过去大多数新乡村建设都是在"做旅游"，关注点在游客，项目围绕"食、住、行、游、购、娱"开展，新老村民没有主人翁感觉，纯粹是在做市场买卖。而明月村在建设之初就确定了"业兴、家富、人和、村美"的理念，让热爱田园生活的新村民带着多元业态进村来，在这里实现自身的价值；让老村民守住自己的家园也能增收致富，过上越来越好的生活。

第三节 昭觉县悬崖村（SP 型乡村）

一 基本情况

昭觉县古里镇悬崖村（原阿土列尔村）坐落在昭觉、美姑、雷波三县交界的美姑河畔，最高海拔 2400 米，最低海拔 628 米，海拔落差近 1800 米，垂直距离约 800 米（见图 7-12）。距昭觉县城 72 千米，村委会距镇政府 110 千米，辖 4 个农牧服务社（牛觉社、勒尔社、特土社、古曲洛社），共有农户 161 户 730 人。其中，贫困户 84 户 401 人（数据截至 2022 年 3 月 15 日），传统产业以农业为主，主要种植土豆、玉米，畜牧业以养殖山羊、牛为主。2016 年以前，进村需要顺着悬崖绝壁断续攀爬 12 段 218 级藤梯，所以被外界称为"悬崖村"。

2017 年 3 月，习近平总书记在参加十二届全国人大五次会议四川代表团的审议时提道："看到凉山州'悬崖村'的村民和孩子们常年在悬崖上爬藤条，上山下乡，安全得不到保证，看了以后心情还是很沉重，也很揪心"。2018 年 2 月，习近平总书记在四川视察期间，在昭觉县的三河村看望贫困群众时又一次专门询问了"悬崖村"的情况。2020 年底，在"两项改革"（乡镇行政区划和村级建制调整改革）后，原支尔莫乡所辖阿土列尔村、说注村、来洛村的来洛社、古则社合并，重新组建为悬崖村，辖 4 个村民小组，并入昭觉县古里镇。现全村 355 户，总人口 1578 人，其中脱贫户 194 户 908 人（县城 5 个社区集中安置点 168 户 797 人，来洛村支尔莫集中安置点 26 户 111 人）。目前已经搬迁到县城安置点的普通农户 74 户 291 人，本村内 24 户 92 人，自

图 7-12　悬崖村自然条件

注：a、b 为悬崖村地貌；c、d 为悬崖村海拔高差情况及交通条件。

资料来源：笔者团队自拍。

主搬迁至县外 63 户 287 人（数据截至 2022 年 3 月 15 日）。全村发展迈上新台阶。

二　类型判断

通过本书构建的"双力"模型进行分析，悬崖村位于大小凉山集中连片特困地区，该地区是中国最贫困的地区之一。该村曾是国家级贫困村，享受国家扶贫政策倾斜，政策引导力强。获得的财政专项资金投入达数亿元，财政支撑力强。2017 年和 2018 年，村子得到习近平总书记的关心和问询。中央、省和凉山州高度重视该村的脱贫攻坚工作，在解决村子出行难、生活难、上学难、增收难等具体问题上发力，推动村子较快发展。2018 年 1 月，四川省投资集团有限责任公司、成都天友旅游集团公司共同出资启动"悬崖村古里大峡谷景区"项目，计划投资 6.3 亿元，打造文旅产业扶贫示范基地、山地度假旅游目的地和彝区农文旅体验目的地。该项目成为昭觉县投资最大的旅游开发项目（李秋怡等，2018），国资中坚力强。通过对行政力的二级指标进行赋值，算出昭觉县古里镇悬崖村的行政力总分为 20 分，如表 7-3 所示。

表 7-3　　　　　　　　　　悬崖村旅游发展驱动力得分

驱动力	二级指标	赋分标准	赋值（分）
行政力	政策引导力	国家级贫困村（脱贫村）	5
	财政支撑力	财政专项资金投入大于等于 1 亿元	5
	领导注意力	国家领导人关注	5
	国资中坚力	中央直属企业及省属国有企业参与投资建设管理	5
总计			20
市场力	市场吸引力	拥有四级旅游资源	3
	市场距离力	距主要客源市场超过 100 千米，在 2 小时经济圈内	1
	人口规模力	主要客源市场人口均在 100 万人以下	0
	市场购买力	主要客源市场城镇居民人均可支配收入 3 万元以上	1
总计			5

　　市场力方面，悬崖村拥有大峡谷、温泉、溪谷、原始森林等自然风景旅游资源，其中的古里大峡谷深达 2200 米，长 13 千米，谷内地质构造独特，峡谷气势雄浑，光热资源丰富，生态保护较好，达到四级旅游资源的水平，有一定的市场吸引力。但是该村缺乏大、中型城市客源市场，至西昌市青山机场、西昌站均需 3.5—4 小时车程，距离昭觉县城 1.5 小时车程，市场距离力一般。无论是西昌市还是昭觉县，人口均未达到 100 万人，距离村子最近的昭觉县人口仅 25.6 万人（截至 2022年），人口规模力差。据《昭觉县 2022 年国民经济和社会发展统计公报》数据显示，昭觉县城镇居民人均可支配收入为 32742 元，市场购买力一般。通过对市场力的二级指标进行赋值，算出昭觉县古里镇悬崖村的市场力总分为 5 分，如表 7-3 所示。

　　将计算得出的悬崖村市场力和行政力得分投到"双力"模型判别图中（见图 7-13），可清晰判别出昭觉县悬崖村属于 SP 型乡村，其典型特征是市场力小，行政力非常强。村庄由于其险要的地势条件及艰苦的生活环境成为政府的重点扶持对象，并引起重要领导人以及社会各界的广泛关注，获得的财政资金和国企帮扶比较多。但是，险要的地势条件也造成其交通条件差，旅游可进入性差，缺少大、中型的客源市场，发展乡村旅游比较困难。因此，该类型的乡村不适宜优先发展乡村旅游，可以在政府政策与财政扶持下开展一些试点，待市场条件成熟后再大力发展。

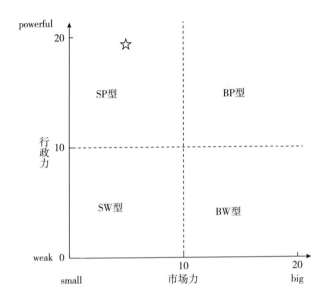

图 7-13　悬崖村"双力"模型判别

三　主要做法

（一）发挥行政优势，"扶"起发展基础

悬崖村依托州、县两级投入的 100 多万元，于 2016 年 8 月实施了"钢管天梯"工程，使用钢管 6000 根、钢材 120 吨，出动人力近 3 万人次，建成了 2556 级钢梯路，全线设置护栏（见图 7-12），代替了此前老旧的藤梯，村民下山时间比以前至少缩短半个小时。充分利用上级部门财政拨款，实施安全饮水、农村电网升级改造工程，新建通信基站 2座，实现水、电、网络全覆盖。在山顶"大平台"建成旅游接待中心，完成旅游通道升级改造等基础设施建设。借助产业扶贫资金、产业扶持周转基金、土地入股等渠道，成立 3 个农民专业合作社，成立昭觉中泽支尔莫油橄榄产业发展有限公司、"悬崖村庄"旅游公司等，规模化发展村庄特色产业。

（二）推动产业升级，"防"范返贫风险

制定"长短结合、种养互动、农文旅互融"的产业发展规划，打造"悬崖村"系列品牌。首先，引进龙头企业，通过"公司+支部+农户"的经营模式成立油橄榄公司，在村庄流转205亩发展油橄榄产业，村民通过劳务、土地流转和就业等方式实现收入近30万元/年。其次，在村庄山脚下发展100亩脐橙，通过东西部对口协作（以购代捐）、农户自售等形式售卖"悬崖村"脐橙3万余斤，集体经济增收23万元。再次，通过飞地经济合作模式，投入200万元，在相邻的哈甘乡种植三七50亩。最后，鼓励脱贫户返乡发展畜牧养殖业，成立养猪、养羊等合作社，支持农户返乡在山上开设农家乐。从多个方面推动乡村的产业升级。

持续巩固拓展脱贫攻坚成果同乡村振兴有效衔接。根据监测对象的风险类别、发展需求等制订"一户一策"帮扶计划。建立劳动力台账、就业台账，依据防返贫监测"一月一排查"工作计划及时进行跟踪回访，引导本村合作社、种养基地和电商平台与农民建立利益联结体，带动农民就业创业，拓宽农民就业渠道，确保群众稳得住、有就业、逐步能致富。

（三）发展特色旅游，"补"齐市场短板

利用独特的峡谷、云海、断崖、温泉、溶洞、高山草原、高山万亩索玛花和彝族传统文化等资源优势，引进有实力的旅游公司，致力将"悬崖村—古里大峡谷"打造成全国知名的山地旅游、彝区农文旅体验示范基地，开发特色旅游，加快勒尔社传统民俗村落、悬崖书吧、土司文化庄园、高空索桥和悬崖酒店等高端旅游项目的推进，进一步提升市场吸引力。依靠政策支持改善村庄的对外交通条件，争取高速公路设置出入口、附近有高铁车站，提高旅游可进入性，弥补市场距离力。

唱响攻坚赞歌，打造红色景点。由于脱贫攻坚的故事世界传扬，悬崖村将继续宣传打造"藤梯精神"，利用全国脱贫攻坚考察点、新长征干部学院教学点等优势，结合自身党建工作引领，建设村史馆（游客接待中心），开展红色主题教育、干部学习培训等特色旅游，培养、引导本地网红主播人群，发挥其在宣传、带货和吸引游客等诸多优势，打造红色旅游网红目的地。

同时，补足旅游接待能力，提升旅游接待水平，解决游客来访悬崖村后"留不住""住不好"，游客严重流失等问题。首先，利用捐赠资金和对口帮扶社会资金开发村庄温泉资源，在悬崖村牛觉社（山脚）建设一个集餐饮、住宿和体验于一体的温泉酒店。其次，加快推进悬崖村勒尔社、来洛社民俗村落建设和民宿改造，依托旧址并结合旅游规划打造勒尔社、来洛社农家民宿（见图7-14）。

图7-14　悬崖村民宿设施

资料来源：笔者团队自拍。

四　取得成绩

2014年，悬崖村人均年收入不到2000元。至2020年，全村人均年收入超过9000元，顺利实现脱贫。油橄榄、脐橙、花椒和三七等产业颇具规模，农户通过公司股权分红、土地流转、产业基地务工和电商平台销售等方式增收。2021年实现产业增收100万余元，全村年人均可支配收入达到 10400 元。2022 年，村集体经济收入超过 18 万元，全村年人均可支配收入达 16905 元。

村庄旅游基础设施初具规模，旅游接待中心、乡村民宿、旅游通道相继完善。每年接待游客 10 万人左右，村民通过开办小卖部、接待食宿和售卖农产品等方式享受乡村旅游红利。2021 年，悬崖村实现旅游增收 100 万余元。2019 年，悬崖村被评为全国首批乡村旅游重点村；2021 年，被评为全国脱贫攻坚考察点；2022 年，被评为四川省乡村振兴重点帮扶优秀村。村情村貌发生巨大变化。

五 案例启示

（一）利用行政支持，用好扶持资金

利用各级政府政策倾斜和各级财政资金支持，引进产业龙头企业，优先发展特种养殖和特色种植，着重扩大产业规模、擦亮产业品牌，夯实乡村产业基础。深化乡村集体产权制度改革，大力发展新型农村集体经济，帮助乡村居民通过土地流转、企业务工、公司股权分红等多渠道实现增收。

同时，利用扶持资金进一步完善乡村的基础设施。重视乡村内部道路的升级改造，全力提升乡村公路通行条件。完善乡村对外交通路网，打通乡村造血输血的大动脉。加强水、电、路、网络的整体升级，有条件地增设充电桩、水厂、基站等基础设施，提高乡村居民生产生活水平。

（二）重视市场作用，培养自生能力

乡村的可持续发展离不开市场的作用，乡村应充分发挥市场在资源配置中的决定性作用，不断优化乡村营商环境，迸发各类市场主体的创新创业活力，培养乡村自生能力，筑牢乡村发展、民生保障的经济基础。加强温泉、地质地貌等乡村特色旅游资源开发，规模化打造特色突出、生命力蓬勃的新业态和新产品，建设农商文旅体融合发展示范区和田园综合体，增强乡村旅游市场吸引力。提升乡村可进入性，弥补乡村的市场距离短板，增强乡村的市场距离力。

借助官方渠道的大力宣传，快速提升乡村的知名度和影响力，带动客源流量的增加和旅游市场的扩大，增强乡村旅游的人口规模力。如悬崖村的"藤梯精神"通过全国各大媒体的宣传，使村子成为全国著名的脱贫攻坚和乡村振兴典型。悬崖村进而成功创建全国脱贫攻坚考察点、新长征干部学院教学点等资源，成为全国知名的从事红色主题教育、干部学习培训的网红目的地，弥补村庄的市场短板。

（三）坚持农旅互融，培育新兴产业

以旅促农，农旅互融。通过旅游产业带来的信息流和资金流，促进农业中土地要素、资本要素和劳动力要素的自由流动和合理配置，推动乡村产业升级，帮助部分乡村居民由农业向服务业转换。尤其应借助行政资源支持，逐渐补齐乡村旅游的市场短板，通过乡村旅游反哺农业，提升农产品的附加值，培育农旅高度融合的新兴产业。如悬崖村利用新型农业产生的新景观、新技术及新产品，开发乡村旅游吸引物，将果蔬种植、中草药种植、动物养殖与旅游充分融合，开展田园观光、果蔬采摘、养生购物、研学科普等农旅活动，提高了乡村的土地利用效率，提升了村庄土特农产品的价值，实现农业与旅游的良性互补。

第四节　富顺县马安村（SW 型乡村）

一　基本情况

富顺县马安村地处沱江之滨，位于狮市镇以北，距狮市镇人民政府驻地 4.5 千米，面积 5.17 平方千米，由马安村与桃花村合并而成，辖 17 个村民小组，1023 户 3917 人，其中田土面积 4200 亩，公路硬化 52 千米，基本实现组组通路。2014 年被确定为省级贫困村，有建档立卡贫困户 105 户 342 人，2017 年省定退出。马安村"两委"现有成员 7 名，高中及以上文化 5 人，班子健全，团结有力，综合素质高，业务能力强，党员 90 人。全村主要以种养殖业及外出务工为主要收入来源，以柑橘产业为龙头产业，全村流转土地 3400 亩，其中高标准种植柑橘有 3200 亩（数据截至 2020 年）。脱贫攻坚阶段，镇、村注重把建档立卡贫困户聚集到产业链上，以全市脱贫攻坚先进村、川南脱贫攻坚样板村、全省四好新村示范村为奋斗目标，坚持"一村两带三基地"发展思路，探索贫困村脱贫摘帽新路子（一村，即建设 1 个马安中心村；两带，即打造桃花溪环形农旅体验带、苗仙湖百年桂圆林沿江旅游带；三基地，即培育海升现代标准化柑橘示范基地、千天百味贡醋文化产业基地、德康生猪种养循环示范基地）。2020年后，马安村建档立卡贫困户实现户均增收4000余元，已实现全部脱贫。

同时，马安村围绕让群众"住上好房子"目标，聚力中心村建设，狠抓集居点建设，狠抓农家大院建设。统筹项目资金、规划建设、群众意愿，推动新居建设落地（见图7-15）。在此基础上进一步完善基础设施、公共服务、就业服务，建设了高标准党群服务中心。目前，办公区域、产业中心区域、服务机构区域已全部实现入驻，公共服务水平得到明显提升。

图7-15 马安村农民新居

资料来源：笔者团队自拍。

二 类型判断

通过本书构建的"双力"模型进行分析，马安村于2014年被确定为省级贫困村，享受省级、市级政府的扶贫政策倾斜，政策引导力较强。村庄获得的财政专项资金投入小于1亿元，大于5000万元，财政支撑力较强。脱贫攻坚时期，马安村是自贡市委书记联系的贫困村。时任的自贡市委书记多次到马安村调研督导脱贫攻坚工作，强调市、县、乡、村要认真贯彻落实中央和省委决策部署，推进精准扶贫精准脱贫，全力打赢脱贫攻坚硬仗。村庄具有一定的领导注意力。村庄无大型国有企业定向投资建设，国资中坚力较差。通过对行政力的二级指标进行赋值，算出自贡市富顺县马安村的行政力总分为7分，如表7-4所示。

表 7-4   马安村旅游发展驱动力得分

驱动力	二级指标	赋分标准	赋值（分）
行政力	政策引导力	省级贫困村（脱贫村）	3
	财政支撑力	财政专项资金投入小于 1 亿元，大于 5000 万元	3
	领导注意力	市领导关注	1
	国资中坚力	无大型国有企业参与投资建设管理	0
	总计		7
市场力	市场吸引力	无 A 级景区	0
	市场距离力	距主要客源市场不超过 50 千米，在半小时经济圈内	5
	人口规模力	主要客源市场人口在 100 万人以上	1
	市场购买力	主要客源市场城镇居民人均可支配收入 4 万元以上	3
	总计		9

市场力方面，马安村大部分属于川南浅丘地形，有一条小河流——桃花溪穿村而过，无大山大川，旅游资源水平较低，无 A 级景区，市场吸引力较差。马安村距离自贡市区 36 千米，大约 40 分钟车程；距离富顺县城区 19 千米，大约 30 分钟车程。总体而言，距主要客源市场不超过 50 千米，基本在半小时经济圈内，市场距离力强。主要客源市场自贡市的常住人口为 242.9 万人。其中，城镇人口 140.13 万人（数据截至 2023 年）。市场规模在 100 万人以上、500 万人以下，人口规模力一般。主要客源市场自贡市的城镇居民人均可支配收入 43740 元（数据截至 2022 年），可支配收入 4 万元以上，市场购买力较强。通过对市场力的二级指标进行赋值，算出自贡市富顺县马安村的市场力总分为 9 分，如表 7-4 所示。

将计算得出的马安村市场力和行政力得分投到"双力"模型判别图中（见图 7-16），可判别出富顺县马安村属于 SW 型乡村，该类乡村特征是市场力小，行政力支持也较弱。其发展乡村旅游的资源禀赋不突出，主要客源市场规模较小，市场购买力也有限，乡村旅游业发展较为困难。同时，村庄获得的行政支持也不够强，没有强有力的政策支持和财政资金支持，缺少重要领导的关注。因此，该类型的乡村发展重点需放在现代农业与加工业，培育乡村产业支柱。通过做优现代农业，做强农产品加工流通业来提升乡村经济收益，夯实发展基础。在条件成熟后发展旅游业，促进第一、第二、第三产业融合发展。

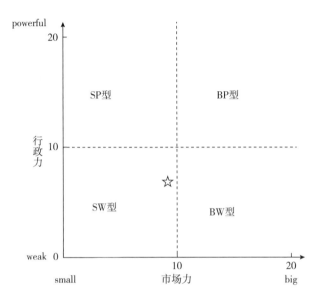

图 7-16　马安村"双力"模型判别

三　主要做法

（一）坚持农业为本，促进农民增收致富

坚持以农为本，农业产业是基础的理念，以现代农业园区的打造为抓手，"园区化"引领农业"现代化"，紧密围绕市场需求，以提高农产品质量产量为主攻方向，扎实推进农业现代化，通过农业产业的发展带动乡村增收致富。

2017 年，马安村引进了海升集团的现代标准化柑橘产业园项目，总投资 2.1 亿元、占地 3000 亩。采用机械化、智能化种植模式发展柑橘产业，做大做强标准化柑橘种植。2019 年，马安村又引进了总投资 2600 万余元、占地 2000 亩的威驰智慧农业柑橘产业园项目。进而以马安村为核心，全县打造了"苗仙湖柑橘现代农业园区"，园区优质柑橘基地达 10 万亩，成功创建了四川省五星级现代农业园区。同时，村子还引进了德康生猪养殖、七里荷塘等产业项目，这些项目均已实现量产收益，成为马安村现代化农业发展的一个缩影。

（二）做强精加工业，优化村庄产业结构

农产品精加工是将农产品从初级产品升级为高级商品、提高农产品附加值的关键渠道，是促进农业发展和升级的重要手段。农产品加工业连接工农、沟通城乡，行业覆盖面广、产业关联度高，具有非常强的增收作用。

马安村高度重视乡村加工业和产业结构优化，2016 年，引进了自贡千天百味贡醋产业园项目，该项目占地 320 亩，总投资 1 亿元，贡醋采用传统手工酿造，以麸皮、大米为主原料，辅以百余种中草药制成药曲，经蒸煮、发酵、日晒千天陈酿而成。项目建设了生产用房、晒醋场和贡醋文化馆（见图 7-17），旨在打造集贡醋生产、研学参观、康养康疗于一体的产业示范区。

图 7-17　千天百味贡醋项目

资料来源：笔者自拍。

（三）开发旅游业态，促进三大产业融合

当乡村的农业、加工业、服务业发展到一定阶段，基础设施条件大大改善，旅游可进入性转好时，可大力开发各种旅游业态，使旅游产业与其他产业相互融合，推动乡村产业振兴。2020年，马安村引进"马安农场农业观光亲子旅游项目——马安小镇·农场"，项目投资3000万元，利用区域内闲置土地集中打造无动力乐园、研学体验农场、草坪休闲广场等设施，打造集研学、采摘、休闲、亲子、观光于一体的综合性农业休闲园区。该项目的实施还盘活了橘缘楼民宿酒店（见图7-18），带动了千天百味贡醋园区和柑橘种植基地的三产服务业态发展，促进桃花溪环状农旅体验带的初步形成。有力推进了马安村的产业结构转型升级和区域内集体经济组织发展，对马安村三大产业融合发展产生了积极作用。

图7-18 马安小镇·农场（a、b、c）和橘缘楼民宿酒店（d）

资料来源：笔者团队自拍。

四 取得成绩

近年来，马安村着重发展乡村产业，打造宜居乡村环境，各项工作成绩均比较显著。修建了居民聚居点两个（马安滩居民点、楼阴坳居民点），统一住房面貌，大大改善了人居环境。实施现有村级道路升级改造，有效地解决群众出行难问题。实施了电网改造升级，更换了老化线路，电路改造覆盖全村，完成改造率100%。进行了村域饮水安全工程建设，承接了中心片区供水管网，铺设率达到100%，实现城乡供水一体化，全面解决饮水安全问题。新建了多个公共服务中心，包括村两委活动室、便民服务中心、农民培训中心、文化体育中心、卫生计生中心、村卫生室、综治调解中心、农家购物中心等。实现了村级公共服务由单一功能向多功能转变，有力推进城乡公共服务均等化。产业蓬勃发展，柑橘产业形成较大规模，联合周边镇村成功创建省五星级苗仙湖柑橘现代农业园区。

2020年4月，马安村被评为"四川省实施乡村振兴战略工作示范村"。2021年4月，被四川省委城乡基层治理委员会评为"四川省首批乡村治理示范村"。同年7月，入选"四川省第二批省级乡村旅游重点村"。9月，被中央农村工作领导小组办公室、农业农村部、中央宣传部、民政部、司法部、国家乡村振兴局表彰为"第二批全国乡村治理示范村"。2023年11月，入选乡村文化振兴省级样板村。

五 案例启示

（一）严守"三条红线"，合理规划土地

国土空间"三条红线"指的是党中央提出的空间规划体系中的三条控制线，即生态保护红线、永久基本农田和城镇开发边界。要求将三条控制线作为调整经济结构、规划产业发展、推进城镇化不可逾越的红线。2017年，马安村引进圣果园农旅项目，项目第一期投入5000万元，流转以贫困户为主的村民土地1000亩，建成了生态循环水果种植基地、百香果基地、农旅融合生态发展区、青少年科普教育基地、水肥药一体化农业设施等。游乐项目以滑草观光基地为主，占地面积约90亩，是当时川南片区最综合的滑草场，拥有6条超长速滑道。

然而，该项目没有合理规划使用土地，存在占用耕地或直接在耕地上违法违规建设非农设施的现象。2018年，农业农村部、自然资源部印发《关于开展"大棚房"问题专项清理整治行动坚决遏制农地非农化的方案》的通知，富顺县政府在落实中央关于大棚房专项清理整治

工作中，拆除了圣果园公司大部分运营设施。圣果园文旅项目因此停业，园区荒废至今。马安村其他文旅项目也受到严重影响，至 2020 年以后才逐渐恢复人气。通过该案例可知，乡村引进和建设项目的过程中必须严守三条红线，科学规划使用土地。

（二）重视产业振兴，做大产业规模

旅游资源不够突出、市场与行政两方面驱动力不足的乡村，不宜优先发展旅游业，而应该重视农业、加工业等基础产业，发展高质高效农业和农产品精深加工业。完善第一、第二产业链条，通过市场化运作方式持续打造产业品牌，强化品牌影响力，实现规模经营，从而提升农产品附加值。

马安村将脱贫攻坚、乡村振兴与苗仙湖现代农业示范园区建设有机结合，以园区建设带动产业发展。在各级政府的大力支持下，引进德康集团、海升集团、世臻集团、川越水产公司等大型企业，充分发挥龙头企业技术、市场、品牌优势；借助"技术帮扶"，发展"订单农业"，探索新型经营模式，有效提升了产业实效。引进海升集团建立富顺超越现代农业发展有限公司，打造出柑橘现代化种植的标杆。引进世臻集团成立自贡千天百味食品有限公司，打造生态绿色的贡醋产业园区，生产的贡醋经过 1000 天自然发酵，已上市销售，产值能达到 2000 万元。与德康集团合作新建全富养殖家庭农场，建设年出栏 4000 头的生猪养殖基地，产值达到 2000 万元。成立四川威驰智慧农业发展有限公司，建成高标准柑橘产业园区。盛产期，产值能达到 3500 万—4000 万元。

在龙头企业的带动下，村庄新型经营主体如雨后春笋般纷纷涌现，激发了群众致富的内生动力。乡村居民观念得到迅速转变，积极参与村庄产业规划与发展，通过自主创业、土地流转和入股、聘用务工、合作种植等多种方式，分享村庄产业振兴的红利。

（三）创新旅游业态，打造完整链条

各类乡村景观及农业种植基地的产品同质性较强，吸引力不足，可替代性也较强，易使游客产生"晕轮效应"。乡村要结合游客市场需求，深入挖掘潜在旅游资源，并整合现有旅游资源，植入当地特色，打造深受游客喜爱的旅游产品体系，创造具有当地特色的乡村旅游产品，开发多元化的旅游活动，提升乡村旅游的吸引力。

马安村抓住当下"研学游"热点，结合当地资源特点，以马安小镇·农场为基础，大力开发自然资源、知识科普、体验考察和技能拓展等方面的研学课程。设计出满足学校、家长、中小学生多方面需求的研学产品，建成研学旅游基地，打造"研学+"的马安村乡村旅游名片。同时，通过旅游产品横向开发，延长产业链，开拓了柑橘基地、贡醋产业园等乡村旅游新场景，打造了果蔬采摘、林间采集、农事体验、田间康养等浸入式休闲农业体验活动；开发了系列主题农家宴，支撑乡村旅游产品体系建设，丰富旅游消费，吸引游客留驻，充分将流量经济固化为本地消费。另外，积极对外推广千天百味贡醋等精深加工产品，丰富旅游产业后备厢经济。利用新兴业态赋能农业农村现代化发展。

附　录

附录 1　四川省旅游资源分类

主类	亚类	基本类型	简要说明
01 地文景观	0101 自然景观综合体	010101 山岳型景观	中、高、极高山地内可供观光游憩的整体景观或个别景观
		010102 丘陵型景观	丘陵内可供观光游憩的整体景观或个别景观
		010103 盆地型景观	盆地（或盆坝）内可供观光游憩的整体景观或个别景观
		010104 台地（高原）型景观	山地边缘或山间台状可供观光游览的整体景观或个别景观
		010105 沟谷型景观	沟谷内可供观光游览的整体景观或个体景观
		010106 滩地型景观	缓平滩地内可供观光游览的整体景观或个别景观
	0102 地质与构造形迹	010201 构造形迹景观	地层断裂或各种内力作用形成的扭曲变形在地表形成的景观
		010202 地层与剖面	地质体中具有科学意义的典型剖面
		010203 岩壁	由外营力侵蚀形成的城墙状山崖或峭壁
		010204 岩石洞与岩穴	位于基岩内和岩石表面的天然洞穴
		010205 古生物化石点	保存在地层中的各地质历史时期的古生物遗体、遗骸及活动遗迹
		010206 岩矿石点（矿床）	典型矿床类露头、典型矿物岩石命名地

续表

主类	亚类	基本类型	简要说明
01 地文景观	0103 地表形态	010301 台丘状地景	台地和丘陵形状的地貌景观
		010302 峰柱状地景	在山地、丘陵或平地上突起的峰状石体，如土林、石林、石柱、峰丛
		010303 垄岗状地景	在山地、丘陵或平地上突起呈长条形垄岗
		010304 沟壑状地景	由内营力塑造或外营力侵蚀形成的沟谷、劣地
		010305 钙华与泉华	溶有碳酸氢钙和其他矿物质的地下水、地下热水和地下蒸汽，在地表或泉池边形成的化学堆积物，如黄龙钙华、卡龙沟钙华、玉农希钙华等
		010306 岩土圈灾变遗迹	岩石圈自然灾害变动所留下的表面痕迹，如地震遗迹、陨石坑和陨石体、冰川侵蚀遗迹、冰川堆积体、崩塌、滑坡、泥石、地面塌陷、地面沉降及其治理工程等
		010307 奇特与象形山石	形状奇异、拟人状物的山体或石体
	0104 自然标记与自然现象	010401 奇异自然现象	发生在地表，一般还没有合理解释的自然界奇特现象
		010402 自然标志地	标志特殊地理、自然区域的地点，如河源、河口、江河汇流处等
02 水域景观	0201 河系	020101 河曲与河湾	河流的迂曲处
		020102 游憩河段	可供观光游览的河流段落
		020103 古河道	已经消失的历史河道现存段落、阶地、三角洲、离堆等
		020104 河（江）心岛	江河中的小型岛屿、洲、矶等
		020105 瀑布、跌水	从河谷纵剖面岩坎上倾泻下来的水流
	0202 湖沼	020201 湖泊、水库	湖泊、水库的观光游览区与段落
		020202 潭池	四周有岸的小片水域
		020203 湖湾、湖心岛	湖泊中的迂曲处和小型岛屿
		020204 湿地	天然或人工形成的沼泽地等带有静止或流动水体的成片浅水区
	0203 地下水	020301 泉水	地下水的天然露头
		020302 埋藏水体	埋藏于地下的温度适宜、具有矿物元素的地下热水、热汽
	0204 冰雪地	020401 积雪地	长时间不融化的降雪堆积面
		020402 现代冰川	现代冰川及其形成的地貌

主类	亚类	基本类型	简要说明
03 生物景观	0301 植被景观	030101 林地	生长在一起的大片树木组成的植物群体
		030102 草地（草原）	以多年生草本植物或小半灌木组成的植物群落构成的地区
		030103 花卉地	一种或多种花卉组成的群体
		030104 高山苔原	高海拔地区生长的矮小灌木、多年生的草本、地衣、苔藓等植被形成的地毯式的苔地
	0302 野生动物栖息地	030201 水生动物栖息地	一种或多种水生动物常年或季节性栖息的地方
		030202 陆地动物栖息地	一种或多种陆地野生哺乳动物、两栖动物、爬行动物等常年或季节性栖息的地方
		030203 鸟类栖息地	一种或多种鸟类常年或季节性栖息的地方
		030204 蝶类或其他昆虫栖息地	一种或多种蝶类（或其他昆虫）常年或季节性栖息的地方
	0303 典型物种	030301 古树名木	树龄在 100 年以上的大树称为古树；稀有、名贵或具有历史价值、纪念意义的树木称为名木
		030302 珍稀植物	在经济、科学、文化和教育等方面具有重要意义而现存数量稀少的植物种类
		030303 珍稀动物	在经济、科学、文化和教育等方面具有重要意义而现存数量稀少的动物种类
04 天象与气候景观	0401 天象景观	040101 太空景象观赏地	观察各种日、月、星辰等太空现象的地方
		040102 光现象观察地	观察发生在地面上的天然光现象的地方
	0402 天气与气候现象	040201 云雾多发区	云雾及雾凇、雨凇出现频率较高的地方
		040202 极端与特殊气候显示地	易出现极端与特殊气候的地区或地点，如风区、雨区、热区、寒区、旱区等典型地点
		040203 物候景象	各种植物的发芽、展叶、开花、结实、叶变色、落叶等季变现象
		040204 避暑、避寒气候地	炎热（寒冷）气候季节适宜避暑（避寒），人体感觉比较舒适的地区
		040205 康养气候地	气候条件和生态环境优越，适宜康疗休养的地区

续表

主类	亚类	基本类型	简要说明
05 建筑与设施	0501 人文景观综合体	050101 社会与商贸活动场所	进行社会交往活动、商业贸易活动的场所
		050102 军事遗址与古战场	古时用于战事的场所、建筑物和设施遗存
		050103 教学科研实验场所	各类学校、教育单位、开展科学研究的机构、从事工程技术试验场所的观光、研究和实习的地方
		050104 建设工程与生产地	经济开发工程和实体单位，如工厂、矿区、农田、牧场、林场、茶园、养殖场、加工企业以及各类生产部门的生产区域和生产线
		050105 文化教育科技体育活动场所	进行文化、教育、科学技术普及、体育活动的场所
		050106 医疗康养游乐休闲场所	具有医疗、康养、休闲、娱乐、度假条件的地方
		050107 纪念、宗教、祭祀活动场所	为纪念人、事或开展各种宗教、祭祀、礼仪活动场所的地方
		050108 交通运输服务设施	用于提供运输服务的客货运场站、服务区等
	0502 特色镇、村（寨）	050201 古镇古村（寨）	具有一定观赏游览功能的古镇古村（寨）
		050202 新镇新村（寨）	具有一定观赏游览功能的新镇新村（寨）
	0503 实用建筑与核心设施	050301 特色街区（店铺）	反映某一时代建筑风貌或经营专门特色商品和商业服务的街道（店铺）
		050302 特性屋舍	具有观赏游览功能的房屋
		050303 渠道、运河段落	正在运行的人工开凿的水道段落
		050304 堤坝段落	防水、挡水的构筑物段落
		050305 港口、渡口与码头	位于江、河、湖、海沿岸进行航运、过渡、商贸、渔业活动的地方
		050306 洞窟	具有特殊历史文化意义或景观价值的人造洞穴
		050307 陵墓	帝王陵寝，名人、贵族或领袖先烈墓
		050308 景观农林畜牧场所	具有一定观赏游览功能的农田、林场、牧场、养殖场等

续表

主类	亚类	基本类型	简要说明
05 建筑与设施	0503 实用建筑与核心设施	050309 农家乐、乡村酒店与民宿	农、林、牧、渔等餐饮和乡村酒店、民宿接待场所
		050310 特色市场	具有一定观赏游览功能的市场
		050311 特色园区	具有一定观赏游览功能的工业、农业、文化、科技、商贸等产业园区
		050312 景观公路、铁路与桥梁	具有一定观赏游览功能的公路、铁路和桥梁
	0504 景观与小品建筑	050401 观景点	用于观赏景观的场所
		050402 亭、台、楼、阁	供游客休息、乘凉或观景用的建筑
		050403 雕塑	用于美化或纪念而雕刻塑造的、具有一定寓意、象征或象形的观赏物和纪念物
		050404 碑碣、碑林、经幢	雕刻记录文字、经文的群体刻石或石柱
		050405 牌坊牌楼、影壁	为表彰功勋、科第、德政以及忠孝节义所立的建筑物，中国传统建筑中用于遮挡视线的墙壁
		050406 门廊、廊道	门头廊形装饰物，不同于两侧基质的狭长地带
		050407 塔型建筑	具有纪念、镇物、标明风水和某些实用目的的建筑物
		050408 水井	用于生活、灌溉用的地下水取水设施
		050409 广场与喷泉	用于进行休憩、游乐、礼仪活动的城市内的开阔地；人造的喷水设备
		050410 堆石	由石头堆砌或砌筑形成的景观
		050411 摩崖字画	在山崖石壁上镌刻的文字、图案或绘制的书画
		050412 栈道、通道	古代架设于陡峻地段供行走、物资运输的通道
06 历史遗迹	0601 物质类文化遗存	060101 史前人类活动遗址	史前人类聚居、生产、生活的场所
		060102 历史事件发生地	历史上发生过重要贸易、文化、科学、军事、教育事件的地方
		060103 建筑遗迹	具有地方风格和历史色彩的历史建筑遗存

续表

主类	亚类	基本类型	简要说明
06 历史遗迹	0601 物质类文化遗存	060104 交通遗迹	已经消失或废置的交通建筑和设施
		060105 工程与生产遗迹	遗留及保存下来的历史工程设施，包括已经消失或废置的矿山、窑、冶炼场、工艺作坊等
		060106 古城遗址与聚落遗迹	现存或已消失的城镇、村落、屋舍等居住地建筑及设施
		060107 可移动文物	历史上各时代重要实物、艺术品、文献、手稿、图书资料、代表性实物等，分为珍贵文物和一般文物
	0602 非物质类文化遗存	060201 民间文学	民间广泛流传的传统文学，主要为口头文学。如神话传说、民间故事、民间曲艺、民间戏曲、歌谣等
		060202 传统音乐	在民间经过口头传唱，代代相传。具有浓郁的地域、民族色彩
		060203 传统舞蹈	由人民群众自创自演，表现一个民族或地区的文化传统、生活习俗及人们精神风貌的群众性舞蹈活动
		060204 传统戏剧	主要包括戏曲，充满鲜明的地方色彩，浓郁的生活气息。兼有文学、美术、舞蹈音乐等艺术门类的综合艺术
		060205 曲艺	民间口头文学和歌唱艺术结合，用说唱形式反映社会生活
		060206 传统体育、游艺杂技	在特定的民族文化背景下逐步发展、成熟起来的竞技体育活动，包括传统武术、竞技、游艺、杂技、杂耍等
		060207 传统美术	包括绘画、雕塑、工艺美术、建筑美术等技艺，使用传统手段、传统工具完成
		060208 传统技艺	具有地方特色的传统手艺以及生产生活中的传统技法、技能
		060209 传统医药	各民族在历史上创造和应用的对生命认知及医药技能的知识体系、各种形式的民间疗法，包括药物疗法及非药物疗法
		060210 民俗	某一地域或群体的标志性文化事象，在具有核心象征的文化空间中进行以群体传承为主的综合性民间习俗

主类	亚类	基本类型	简要说明
07 旅游购品（文创产品）	0701 农业产品	070101 农副土特产	具有跨地区声望的当地种植业、林业、畜牧业、水产业、养殖业产品及制品
		070102 地方地道药材	具有跨地区声望的地方药材
	0702 工业产品	070201 日用工业品	具有跨地区声望的当地生产的日用工业品
		070202 旅游装备产品	具有跨地区声望的当地生产的户外旅游装备和物品
		070203 旅游科技产品	具有跨地区声望的当地生产的新型旅游科技产品
		070204 其他旅游工业品	具有跨地区声望的其他旅游工业产品
	0703 手工工艺品	070301 绣品	具有地方和民族特色的刺绣制品
		070302 织品、染织	纺织及染色印花织物
		070303 灯艺	以灯饰材料制成的艺术品
		070304 竹、木工艺品	以竹、木材料制成的工艺品
		070305 文房用品	文房书斋的主要文具
		070306 特色家具	生活、工作或社会实践中供人们坐、卧或支撑与储存物品的器具
		070307 金石陶器	用金属、石料、陶瓷制成的具有观赏价值的器物
		070308 纸艺、书画作品	具有一定观赏价值的纸艺、书画作品
		070309 其他物品	具有一定观赏价值的其他手工艺品
	0704 传统与特色菜品饮食	070401 川菜菜品与饮食	具有跨地区声望的川菜菜品与饮食
		070402 民族菜品与饮食	具有民族特色的菜品与饮食
		070403 外域菜品与饮食	具有跨地区声望的省外菜品与饮食
08 人文活动	0801 人事活动记录	080101 地方人物	当地历史和现代名人
		080102 地方事件	当地发生过的历史和现代事件
	0802 岁时节令	080201 宗教活动与庙会	宗教信徒举办的礼仪活动，以及节日或规定日子里在寺庙附近或既定地点举行的聚会
		080202 农时节日	当地与农业生产息息相关的传统节日
	0803 现代节事活动	080301 现代节庆	当地定期或不定期举办的具有一定区域影响力的现代节庆活动

主类	亚类	基本类型	简要说明
08 人文活动	0803 现代节事活动	080302 会议论坛	当地定期或不定期举办的具有一定区域影响力的会议、论坛
		080303 展览	当地定期或不定期举办的具有一定区域影响力的展会活动
		080304 赛事	当地定期或不定期举办的具有一定区域影响力的赛事活动
		080305 演艺	当地定期或不定期举办的具有一定区域影响力的表演活动
		080306 特色主题活动	当地定期或不定期举办的具有一定区域影响力的主题教育

附录 2　旅游资源单体调查表格式
（GB/T 18972—2017）

基本类型：

代号	；其他代号：①　　　　　；②
行政位置	
地理位置	东经　　　°　　　′；北纬　　　°　　　′

性质与特征（单体性质、形态、结构、组成成分的外在表现和内在因素，以及单体生成过程、演化历史、人事影响等主要环境因素）

旅游区域及进出条件（单体所在地区的具体部位、进出交通与周边旅游集散地和主要旅游区[点]之间关系）

保护与开发现状（单体保存现状、保护措施、开发情况）

共有因子评价问题（你认为本单体属于下列评价项目中的哪个档次，应该得多少分，在最后的一列内写上分数）

评价项目	档次	本档次规定得分	你认为应得的分数
单体为游客提供的观赏价值，或游憩价值，或使用价值	全部或其中一项具有极高的观赏价值、游憩价值、使用价值	30—22	
	全部或其中一项具有很高的观赏价值、游憩价值、使用价值	21—13	
	全部或其中一项具有较高的观赏价值、游憩价值、使用价值	12—6	
	全部或其中一项具有一般观赏价值、游憩价值、使用价值	5—1	
单体蕴含的历史价值，或文化价值，或科学价值，或艺术价值	同时或其中一项有世界意义的历史价值、文化价值、科学价值、艺术价值	25—20	
	同时或其中一项有全国意义的历史价值、文化价值、科学价值、艺术价值	19—13	
	同时或其中一项有省级意义的历史价值、文化价值、科学价值、艺术价值	12—6	
	历史价值，或文化价值，或科学价值，或艺术价值具有地区意义	5—1	
物种珍稀性，景观奇特性，现象遍在性在各地的常见性	有大量珍稀物种，或景观异常奇特，或此类现象在其他地区罕见	15—13	
	有较多珍稀物种，或景观奇特，或此类现象在其他地区很少见	12—9	
	有少量珍稀物种，或景观突出，或此类现象在其他地区少见	8—4	
	有个别珍稀物种，或景观比较突出，或此类现象在其他地区较多见	3—1	
个体规模大小，群体结构丰满性和疏密度，现象常见性	独立型单体规模、体量巨大；组合型旅游资源单体结构完美、疏密度优良级；自然景象和人文活动周期性发生或频率极高	10—8	
	独立型单体规模、体量较大；组合型旅游资源单体结构很和谐、疏密度良好；自然景象和人文活动周期性发生或频率很高	7—5	
	独立型单体规模、体量中等；组合型旅游资源单体结构和谐、疏密度较好；自然景象和人文活动周期性发生或频率较高	4—3	
	独立型单体规模、体量较小；组合型旅游资源单体结构较和谐、疏密度一般；自然景象和人文活动周期性发生或频率较小	2—1	

续表

评价项目	档次	本档次规定得分	你认为应得的分数
自然或人为干扰和破坏情况，保存完整情况	保持原来形态和结构	5—4	
	形态与结构有少量变化，但不明显	3	
	形态与结构有明显变化	2	
	形态与结构有重大变化	1	
知名度和品牌度	在世界范围内知名，或构成世界承认的名牌	10—8	
	在全国范围内知名，或构成全国性的名牌	7—5	
	在本省范围内知名，或构成省内的名牌	4—3	
	在本地区范围内知名，或构成本地区名牌	2—1	
适游时间或服务游客情况	适宜游览的日期每年超过 300 天，或适宜于所有游客使用和参与	5—4	
	适宜游览的日期每年超过 250 天，或适宜于 80%左右游客使用和参与	3	
	适宜游览的日期超过 150 天，或适宜于 60%左右游客使用和参与	2	
	适宜游览的日期每年超过 100 天，或适宜于 40%左右游客使用和参与	1	
受污染情况，环境条件及保护措施	已受到严重污染，或存在严重安全隐患	−5	
	已受到重度污染，或存在明显安全隐患	−4	
	已受到轻度污染，或存在一定安全隐患	−3	
	已有工程保护措施，环境安全得到保证	3	

本单体得分	本单体可能的等级	级	填表人	调查日期	年　月　日

注1：单体序号：由调查组确定的旅游资源单体顺序号码。

注2：单体名称：旅游资源单体的常用名称。

注3："代号"项：代号用汉语拼音字母和阿拉伯数字表示，即"表示单体所处位置的汉语拼音字母-表示单体所属类型的汉语拼音字母-表示单体在调查区内次序的阿拉伯数字"。

如果单体所处的调查区是县级和县级以上行政区，则单体代号按"国家标准行政代码（省代号 2 位-地区代号 3 位-县代号 3 位，参见 GB/T 2260）-旅游资源基本类型代号 3 位-旅游资源单体序号 2 位"的方式设置，共 5 组 13 位数，每组之间用短线"-"连接。

如果单体所处的调查区是县级以下的行政区，则旅游资源单体代号按"国家标准行政代码（省代号 2 位-地区代号 3 位-县代号 3 位，参见 GB/T 2260）-乡镇代号（由调查组自定 2 位）-旅游资源基本类型代号 3 位-旅游资源单体序号 2 位"的方式设置；共 6 组 15 位数，每组之间用短线"-"连接。

如果遇到同一单体可归入不同基本类型的情况，在确定其为某一类型的同时，可在"其他代号"后按另外的类型填写。操作时只需改动其中"旅游资源基本类型代号"，其他代号项目不变。

填表时，一般可省略本行政区及本行政区以上的行政代码。

注 4："行政位置"项：填写单体所在地的行政归属，从高到低填写政区单位名称。

注 5："地理位置"项：填写旅游资源单体主体部分的经纬度（精度到秒）。

注 6："性质与特征"项：填写旅游资源单体本身个性，包括单体性质、形态、结构、组成成分的外在表现和内在因素，以及单体生成过程、演化历史、人事影响等主要环境因素，提示如下：

1）外观形态与结构类：旅游资源单体的整体状况、形态和突出（醒目）点；代表形象部分的细节变化；整体色彩和色彩变化、奇异华美现象，装饰艺术特色等；组成单体整体各部分的搭配关系和安排情况，构成单体主体部分的构造细节、构景要素等。

2）内在性质类：旅游资源单体的特质，如功能特性、历史文化内涵与格调、科学价值、艺术价值、经济背景、实际用途等。

3）组成成分类：构成旅游资源单体的组成物质、建筑材料、原料等。

4）成因机制与演化过程类：表现旅游资源单体发生、演化过程、演变的时序数值；生成和运行方式，如形成机制、形成年龄和初建时代、废弃时代、发现或制造时间、盛衰变化、历史演变、现代运动过程、生长情况、存在方式、展示演示及活动内容、开放时间等。

5）规模与体量类：表现旅游资源单体的空间数值，如占地面积、建筑面积、体积、容积等；个性数值，如长度、宽度、高度、深度、直径、周长、进深、面宽、海拔、高差、产值、数量、生长期等；比率关系数值，如矿化度、曲度、比降、覆盖度、圆度等。

6）环境背景类：旅游资源单体周围的境况，包括所处具体位置及外部环境，如目前与其共存并成为单体不可分离的自然要素和人文要素，如气候、水文、生物、文物、民族等；影响单体存在与发展的外在条件，如特殊功能、雪线高度、重要战事、主要矿物质等；单体的旅游价值和社会地位、级别、知名度等。

7）关联事物类：与旅游资源单体形成、演化、存在有密切关系的典型的历史人物与事件等。

注 7："旅游区域及进出条件"项：包括旅游资源单体所在地区的具体部位、进出交通、与周边旅游集散地和主要旅游区（点）之间的关系等。

注 8："保护与开发现状"项：旅游资源单体保存现状、保护措施、开发情况等。

注 9："共有因子评价问答"项：旅游资源单体的观赏游憩价值、历史文化科学艺术价值、珍稀或奇特程度、规模丰度与几率、完整性、知名度和影响力、适游期和使用范围、污染状况与环境安全。

附录 3　旅游资源评价等级
（GB/T 18972—2017）

旅游资源等级	得分区间
五级旅游资源	≥90 分
四级旅游资源	75—89 分
三级旅游资源	60—74 分
二级旅游资源	45—59 分
一级旅游资源	30—44 分

注：五级旅游资源称为"特品级旅游资源"；五级、四级、三级旅游资源通称为"优良级旅游资源"；二级、一级旅游资源通称为"普通级旅游资源"。

参考文献

中文文献

习近平：《决胜全面建成小康社会　夺取新时代中国特色社会主义伟大胜利——在中国共产党第十九次全国代表大会上的报告》，人民出版社 2017 年版。

白凯、王馨：《〈旅游资源分类、调查与评价〉国家标准的更新审视与研究展望》，《自然资源学报》2020 年第 7 期。

保继刚：《旅游资源定量评价初探》，《干旱区地理》1988 年第 3 期。

蔡克信等：《乡村旅游：实现乡村振兴战略的一种路径选择》，《农村经济》2018 年第 9 期。

曹瑾、唐承财：《1996—2020 年中国旅游减贫研究热点、演进与展望》，《地理与地理信息科学》2023 年第 1 期。

曹立：《推进精准扶贫与乡村振兴有效衔接》，《中国党政干部论坛》2020 年第 5 期。

曾瑜皙、钟林生：《中国旅游资源评价研究回顾与展望》，《湖南师范大学自然科学学报》2017 年第 2 期。

陈彩红等：《丹霞地貌旅游资源的分类及评价研究》，《安徽农业科学》2007 年第 30 期。

陈纯、朱文君：《江苏省乡村康养旅游资源类型及其特征》，《商业经济》2022 年第 6 期。

陈德广、朱建营：《河南省精品旅游资源的定量评价与分析——兼论：〈中国旅游资源普查规范〉中的定量评价方法》，《河南大学学报》

（自然科学版）2006年第3期。

陈虎：《IRT理论视角下旅游助力乡村振兴的模式和类型》，《求索》2024年第6期。

陈淮平：《脱贫地区如何促高贷款收回再贷效益》，《农业发展与金融》1998年第3期。

陈佳馨等：《偏远山区乡村旅游嵌入乡村振兴：问题透视、路径建构与破解思路》，《税务与经济》2025年第1期。

陈明：《后脱贫时代乡村旅游扶贫及其巩固脱贫成果的潜在优势研究》，《湖湘论坛》2020年第6期。

陈文君：《我国现代乡村旅游深层次开发探讨》，《广州大学学报》（社会科学版）2003年第2期。

陈霞：《乡村振兴背景下乡村旅游资源评价与开发利用策略研究》，硕士学位论文，东北农业大学，2022年。

陈雪钧：《国外乡村旅游创新发展的成功经验与借鉴》，《重庆交通大学学报》（社会科学版）2012年第5期。

陈志军、徐飞雄：《乡村旅游地旅游发展对乡村振兴的影响效应与机理——以关中地区为例》，《经济地理》2022年第2期。

程同顺、朱晨迪：《乡村旅游何以助推乡村振兴——基于天津市蓟州区小穿芳峪村全域旅游的个案分析》，《武汉科技大学学报》（社会科学版）2024年第4期。

仇呈：《乡村振兴战略下村落旅游资源价值评价与开发研究》，硕士学位论文，重庆大学，2022年。

崔哲浩等：《乡村振兴战略下延边朝鲜族自治州乡村旅游扶贫实现路径及长效机制研究》，《东疆学刊》2022年第2期。

戴宏伟：《对我国贫困地区"旅游脱贫"的思考——兼析美国的相关经验及启示》，《西北师大学报》（社会科学版）2017年第2期。

邓尚华：《发展农村庭院经济 增加脱贫地区农民收入》，《商业研究》2003年第19期。

邓小海等：《精准扶贫背景下旅游扶贫精准识别研究》，《生态经济》2015年第4期。

丁焕峰：《国内旅游扶贫研究述评》，《旅游学刊》2004年第3期。

杜江、向萍:《关于乡村旅游可持续发展的思考》,《旅游学刊》1999 年第 1 期。

段娅:《文化创意视角下的蒲江县明月村乡村旅游开发模式研究》,硕士学位论文,青海师范大学,2022 年。

方增福:《乡村旅游规划的基本原则与方法》,《玉溪师范学院学报》2000 年第 6 期。

符学葳:《基于层次分析法的模糊综合评价研究和应用》,硕士学位论文,哈尔滨工业大学,2011 年。

高曾伟、高晖:《乡村旅游资源的特点、分类及开发利用》,《金陵职业大学学报》2002 年第 3 期。

高曾伟、王志民:《论乡村旅游资源》,《镇江高专学报》2001 年第 1 期。

高舜礼:《对旅游扶贫的初步探讨》,《中国行政管理》1997 年第 7 期。

高振荣、陈以新:《信息论、系统论、控制论 120 题》,解放军出版社 1987 年版。

耿松涛、张伸阳:《乡村振兴视域下乡村旅游高质量发展的理论逻辑与实践路径》,《南京农业大学学报》(社会科学版) 2023 年第 1 期。

公丕明、公丕宏:《精准扶贫、脱贫攻坚中旅游扶贫研究》,《现代管理科学》2018 年第 4 期。

顾维舟:《旅游资源价值分类初探》,《旅游学刊》1992 年第 1 期。

郭来喜等:《中国旅游资源分类系统与类型评价》,《地理学报》2000 年第 3 期。

郭来喜:《延庆旅游资源开发战略与实施方案构想》,《地理学与国土研究》1987 年第 2 期。

郭清霞:《旅游扶贫开发中存在的问题及对策》,《经济地理》2003 年第 4 期。

郭琰:《乡村振兴背景下乡村旅游发展的新路径》,《中州大学学报》2020 年第 2 期。

韩笑:《乡村旅游资源调查分类与深度开发研究——以山东省滕州市为例》,《商业经济》2017 年第 5 期。

何景明、李立华：《关于"乡村旅游"概念的探讨》，《西南师范大学学报》（人文社会科学版）2002 年第 5 期。

何景明等：《乡村旅游发展中存在问题的调查与思考》，《农村经济》2004 年第 7 期。

何景明：《国内乡村旅游研究：蓬勃发展而有待深入》，《旅游学刊》2004 年第 1 期。

何静：《河南省乡村旅游资源分类及评价》，《中国农业资源与区划》2018 年第 6 期。

何效祖：《〈旅游资源分类〉问题的初步诊断分析》，《旅游学刊》2005 年第 6 期。

何效祖：《对国家标准：〈旅游资源分类、调查与评价〉的若干修订意见》，《旅游科学》2006 年第 5 期。

贺肖飞等：《基于 AHP－FCE 方法的内蒙古乡村旅游资源评价》，《干旱区资源与环境》2020 年第 10 期。

胡粉宁等：《陕西省乡村旅游资源分类体系与评价》，《生态经济》（学术版）2012 年第 1 期。

胡巍、楼凌雁：《乡村旅游开发中的旅游资源评价实证研究》，《技术经济与管理研究》2002 年第 3 期。

胡晓媛：《四川省生态旅游区评价指标体系及评估模型构建》，硕士学位论文，四川农业大学，2011 年。

黄百俊等：《淄博烧烤视角：短视频助力城市品牌差异化营销探究》，《商业经济》2023 年第 12 期。

黄国庆：《基于层次分析法的三峡库区旅游资源评价》，《统计与决策》2011 年第 11 期。

黄辉实主编：《旅游经济学》，上海社会科学院出版社 1985 年版。

黄葵：《重庆市乡村旅游资源空间特征及其与乡村振兴关系研究》，《中国农业资源与区划》2020 年第 4 期。

黄细嘉、李雪瑞：《我国旅游资源分类与评价方法对比研究》，《南昌大学学报》（人文社会科学版）2011 年第 2 期。

黄远水：《简议我国旅游资源分类与评价方案》，《旅游学刊》2006 年第 2 期。

黄震方等：《新型城镇化背景下的乡村旅游发展——理论反思与困境突破》，《地理研究》2015 年第 8 期。

黄震方等：《中国乡村旅游研究历程与新时代发展趋向》，《自然资源学报》2021 年第 10 期。

纪施莹：《乡村振兴背景下大连市乡村旅游发展动力机制及其模式研究》，硕士学位论文，辽宁师范大学，2022 年。

姜太军：《"头雁"引领乡村产业发展——湖南乡村产业振兴带头人培育"头雁"项目的创新与实践》，《农民科技培训》2023 年第 9 期。

金学良、陈常优：《乡村旅游资源的开发与利用摘录》，《人文地理》1992 年第 3 期。

金艳春：《乡村旅游资源定量评价体系研究》，硕士学位论文，沈阳师范大学，2007 年。

兰雄现、蔡雄：《发展旅游业加速了少数民族脱贫——龙胜各族自治县旅游扶贫的调查》，《广西物价》1996 年第 12 期。

雷鸣、潘勇辉：《日本乡村旅游的运行机制及其启示》，《农业经济问题》2008 年第 12 期。

李波：《景区依托型乡村旅游可持续发展动力机制研究——以卓尔山景区与拉洞台村为例》，硕士学位论文，青海师范大学，2021 年。

李德明、程久苗：《乡村旅游与农村经济互动持续发展模式与对策探析》，《人文地理》2005 年第 3 期。

李刚、徐虹：《影响我国可持续旅游扶贫效益的因子分析》，《旅游学刊》2006 年第 9 期。

李红玉：《休闲经济时代的旅游资源分类与评价》，《旅游学刊》2006 年第 1 期。

李会琴等：《国外旅游扶贫研究进展》，《人文地理》2015 年第 1 期。

李佳等：《民族贫困地区居民对旅游扶贫效应的感知和参与行为研究——以青海省三江源地区为例》，《旅游学刊》2009 年第 8 期。

李婧：《四川省成都市：明月村里的别样乡愁》，《农民日报》2023 年 11 月 10 日。

李美杰等:《培育"头雁"需做到"四个必须"——基于对陕西省培育乡村"头雁"项目的总结与思考》,《农村经营管理》2023 年第6 期。

李秋怡等:《凉山"悬崖村"引资 计划投资 6.3 亿元发展旅游》,《四川日报》2018 年 1 月 14 日。

李树国:《努力实现文化与旅游的相互融合》,《经济论坛》2008 年第 7 期。

李天元主编:《旅游学》(第二版),高等教育出版社 2002 年版。

李天元编著:《旅游学概论》 (第六版),南开大学出版社 2009 年版。

李伟:《乡村旅游开发规划研究》,《地域研究与开发》2003 年第6 期。

李小红、段雪辉:《后脱贫时代脱贫村有效治理的实现路径研究》,《云南民族大学学报》(哲学社会科学版)2020 年第 1 期。

李燕:《乡村生态田园旅游资源的属性特征及其开发路径拓展研究》,《农业经济》2019 年第 3 期。

李舟:《浅谈〈国标〉的是与非》,《旅游学刊》2006 年第 1 期。

李左人:《试论丰富乡村旅游的文化内涵》,《天府新论》2000 年第 6 期。

林刚、石培基:《关于乡村旅游概念的认识——基于对 20 个乡村旅游概念的定量分析》,《开发研究》2006 年第 6 期。

林红:《对"旅游扶贫"论的思考——兼议西部旅游开发》,《北京第二外国语学院学报》2000 年第 5 期。

林梦茹:《成都市蒲江县政府推动明月村文农旅产业融合发展的问题研究》,硕士学位论文,西南财经大学,2021 年。

凌申:《论我国乡村旅游资源的开发》,《农业现代化研究》1990 年第 5 期。

刘庆友:《乡村旅游资源综合评价模型与应用研究》,《南京农业大学学报》(社会科学版)2005 年第 4 期。

刘瑞、苏维词:《贵州乡村民俗文化生态旅游资源类型特征及其开发模式》,《生态经济》(学术版)2006 年第 2 期。

刘守英、颜嘉楠:《"摘帽"后的贫困问题与解决之策》,《上海交通大学学报》(哲学社会科学版)2020 年第 6 期。

刘苏衡、刘春:《基于因子分析的武汉城市圈乡村旅游驱动力研究》,《统计与决策》2014 年第 24 期。

刘小珉等:《内源型发展:凤凰县旅游扶贫的实践和启示》,《贵州民族研究》2021 年第 3 期。

龙茂兴、张河清:《乡村旅游发展中存在问题的解析》,《旅游学刊》2006 年第 9 期。

卢小丽等:《乡村旅游内涵标准识别及其比较研究——对中外 50 个乡村旅游概念的定量分析》,《资源开发与市场》2017 年第 6 期。

卢云亭:《生态旅游与可持续旅游发展》,《经济地理》1996 年第 1 期。

陆书建、黄永兴:《基于精准扶贫的安徽省乡村旅游驱动力分析》,《中国农业资源与区划》2018 年第 7 期。

吕万琪:《武汉市蔡甸区乡村旅游资源评价及开发对策研究》,硕士学位论文,华中师范大学,2016 年。

马勇、陈慧英:《乡村旅游目的地评价综合指标体系研究》,《湖北大学学报》(哲学社会科学版)2014 年第 3 期。

马勇主编:《旅游规划与开发》,华中科技大学出版社 2018 年版。

马勇等:《中国乡村旅游发展路径及模式——以成都乡村旅游发展模式为例》,《经济地理》2007 年第 2 期。

毛峰:《乡村旅游扶贫模式创新与策略深化》,《中国农业资源与区划》2016 年第 10 期。

毛勇:《乡村旅游产品体系与开发》,《中南民族大学学报》(人文社会科学版)2009 年第 2 期。

聂铭等:《中国旅游扶贫研究:阶段特征、演化规律及启示》,《生态经济》2021 年第 10 期。

欧向军等:《区域城市化水平综合测度及其理想动力分析——以江苏省为例》,《地理研究》2008 年第 5 期。

潘丽平:《基于模糊综合评判的旅华游客旅游满意度评价研究》,硕士学位论文,陕西师范大学,2007 年。

庞明礼、梁靖柯：《领导注意力驱动何以失效？——基于 T 县项目征地的案例分析》，《公共管理学报》2024 年第 3 期。

庞明礼：《领导高度重视：一种科层运作的注意力分配方式》，《中国行政管理》2019 年第 4 期。

彭华：《旅游发展驱动机制及动力模型探析》，《旅游学刊》1999 年第 6 期。

彭华：《汕头城市旅游持续发展驱动机制研究》，《地理学与国土研究》1999 年第 3 期。

彭俊芳：《国家标准修订与研学旅行发展》，《地理教学》2019 年第 9 期。

彭明勇：《乡村旅游资源的模糊评价法》，《职业时空》2007 年第 3 期。

彭顺生：《中国乡村旅游现状与发展对策》，《扬州大学学报》（人文社会科学版）2016 年第 1 期。

杞桑：《旅游资源的开发与环境保护》，《环境保护》1981 年第 1 期。

尚兵兵：《临安市乡村生态景观调查分析及评价方法研究》，硕士学位论文，浙江农林大学，2013 年。

尚清芳：《基于乡村旅游资源特征的扶贫开发模式与策略——以秦巴山区陇南市为例》，《陕西理工大学学报》（社会科学版）2018 年第 2 期。

沈国斐：《关于乡村旅游发展的探讨》，《生态经济》2005 年第 12 期。

沈世伟、Violier Philippe：《三十年来法国地理学界旅游资源研究方法的演进——兼与中国现行旅游资源研究方法比较》，《人文地理》2010 年第 6 期。

沈伟丽：《淮安市乡村旅游驱动力及其互融发展水平测度》，《中国农业资源与区划》2019 年第 7 期。

舒伯阳等：《新时代乡村旅游高质量发展的理论思考及实践路径》，《华中师范大学学报》（自然科学版）2022 年第 1 期。

舒象连：《我国乡村旅游资源及其开发散论》，《旅游研究与实践》

1997 年第 2 期。

　　司祥芹：《山东省乡村旅游资源可持续利用研究》，硕士学位论文，山东师范大学，2011 年。

　　四川政报编辑部：《四川贫困县》，《四川政报》1994 年第 25 期。

　　宋启清：《乡村旅游资源及旅游发展研究——以常州市武进区嘉泽镇为考察个案》，硕士学位论文，苏州大学，2011 年。

　　宋增文等：《乡村产业振兴背景下资源依托型特色村乡村旅游发展路径研究——以祁杨村为例》，《中国农学通报》2022 年第 6 期。

　　宋周莺、祝巧玲：《中国边境地区的城镇化格局及其驱动力》，《地理学报》2020 年第 8 期。

　　苏飞、王中华：《乡村振兴视域下的中国乡村旅游——发展模式、动力机制与国际经验借鉴》，《世界农业》2020 年第 2 期。

　　苏林忠：《论文化与旅游的融合——再论河南文化旅游发展战略》，《决策探索（上半月）》2007 年第 7 期。

　　谭根梅等：《基于层次分析法的乡村旅游资源评价——以千年古村：江西婺源江湾村为例》，《农业经济》2007 年第 4 期。

　　谭俊峰：《乡村旅游助推乡村振兴路径》，《社会科学家》2021 年第 3 期。

　　陶伟：《旅游资源类型体系分类评价研究——以宁夏回族自治区为例》，《干旱区地理》2001 年第 2 期。

　　滕玉成等：《新型城镇化动力机制及其优化策略——以山东省为例》，《山东科技大学学报》（社会科学版）2015 年第 4 期。

　　万青：《乡村旅游探论》，《许昌学院学报》2004 年第 6 期。

　　汪杨伟：《乡村旅游资源评价与开发研究——以都江堰市青城山片区为例》，硕士学位论文，四川农业大学，2013 年。

　　汪宇明等：《旅游资源新论——基于游憩需求变化与技术进步的视角》，《旅游科学》2010 年第 1 期。

　　王安平、杨可：《新时代乡村旅游业与乡村振兴融合发展途径研究》，《重庆社会科学》2020 年第 12 期。

　　王春枝：《三重拐点期城镇化质量与效率及其驱动机制研究——剩余劳动力转移及吸纳视角》，博士学位论文，天津大学，2017 年。

王翠娟：《中国乡村旅游资源的可持续发展》，《党政干部学刊》2010 年第 6 期。

王芳礼、王云星：《略论布依族地区旅游扶贫开发问题》，《布依学研究（之五）——贵州省布依学会第五次学术讨论会论文集》，1995 年。

王宏星、崔凤军：《我国乡村旅游产品体系及其影响研究》，《西藏大学学报（汉文版）》2005 年第 1 期。

王建军、郑进军：《旅游资源调查和评价信息系统的开发》，《旅游学刊》2004 年第 1 期。

王建军：《旅游资源分类与评价问题的新思考》，《旅游学刊》2005 年第 6 期。

王凯博、陈博：《农业农村部：脱贫攻坚成果持续巩固拓展　没有发生规模性返贫致贫》，《央视新闻》2025 年 1 月 20 日。

王利伟、冯长春：《转型期京津冀城市群空间扩展格局及其动力机制——基于夜间灯光数据方法》，《地理学报》2016 年第 12 期。

王敏等：《乡村旅游资源分类与评价体系探讨——以山东临清市乡村旅游规划为例》，《齐鲁师范学院学报》2015 年第 4 期。

王敏娴、唐代剑：《乡村旅游未来发展趋势探讨》，《旅游学刊》2018 年第 7 期。

王庆生主编：《旅游规划与开发》（第 2 版），中国铁道出版社 2015 年版。

王瑞花等：《国外乡村旅游开发模式初探》，《云南地理环境研究》2005 年第 2 期。

王婷等：《高质量发展视角下乡村旅游发展问题与对策》，《中国农业资源与区划》2021 年第 8 期。

王云才：《国际乡村旅游发展的政策经验与借鉴》，《旅游学刊》2002 年第 4 期。

魏冶等：《21 世纪以来中国城镇化动力机制分析》，《地理研究》2013 年第 9 期。

温兴琦：《对〈国标〉中旅游评价赋分标准的思考》，《旅游论坛》2008 年第 4 期。

文慧：《炎陵县生态旅游资源模糊综合评价与开发对策研究》，硕士学位论文，湖南师范大学，2015 年。

乌恩等：《试论乡村旅游的目标、特色及产品》，《北京林业大学学报》2002 年第 3 期。

吴必虎、伍佳：《中国乡村旅游发展产业升级问题》，《旅游科学》2007 年第 3 期。

吴鸿燕：《哈尔滨市乡村旅游资源评价与开发研究》，硕士学位论文，东北林业大学，2017 年。

吴忠军：《论旅游扶贫》，《广西师范大学学报》（哲学社会科学版）1996 年第 4 期。

夏伟：《乡村振兴战略背景下利川市主坝村乡村旅游发展研究》，硕士学位论文，广西师范大学，2018 年。

夏支平：《后脱贫时代农民贫困风险对乡村振兴的挑战》，《江淮论坛》2020 年第 1 期。

向富华：《乡村旅游开发：城镇化背景下"乡村振兴"的战略选择》，《旅游学刊》2018 年第 7 期。

向延平：《乡村旅游驱动乡村振兴内在机理与动力机制研究》，《湖南社会科学》2021 年第 2 期。

肖佑兴等：《论乡村旅游的概念和类型》，《旅游科学》2001 年第 3 期。

谢华超：《成都市郫都区乡村旅游发展驱动力分析》，硕士学位论文，四川农业大学，2021 年。

谢彦君：《基础旅游学》，中国旅游出版社 2011 年版。

邢道隆、王玫：《关于旅游资源评价的几个基本问题》，《国外人文地理》1988 年第 2 期。

熊云明、徐培：《婺源乡村旅游资源禀赋及特征分析》，《安徽农业科学》2011 年第 5 期。

徐虹、王彩彩：《包容性发展视域下乡村旅游脱贫致富机制研究——陕西省袁家村的案例启示》，《经济问题探索》2019 年第 6 期。

徐琪：《我国乡村旅游的发展现状、存在问题与对策》，《贵州农业科学》2009 年第 10 期。

徐忠勇：《乡村振兴战略下乡村旅游发展对策探析》，《农业经济》

2020 年第 9 期。

颜文华：《休闲农业与乡村旅游驱动乡村振兴的海外经验借鉴》，《中国农业资源与区划》2018 年第 11 期。

杨斌：《关于旅游资源普查中几点问题的思考——基于大连市旅游资源普查工作的体会》，《旅游科学》2005 年第 5 期。

杨军：《中国乡村旅游驱动力因子及其系统优化研究》，《旅游科学》2006 年第 4 期。

杨丽花等：《河北省乡村旅游促进乡村产业振兴路径分析》，《地理科学》2024 年第 8 期。

杨美霞：《乡村旅游发展驱动力研究——以全域旅游为视角》，《社会科学家》2018 年第 5 期。

杨佩卿：《西部地区新型城镇化发展目标、动力机制与绩效评价研究》，博士学位论文，西北大学，2017 年。

杨倩：《全域旅游视阈下乡村文化旅游资源开发利用研究——以济源市为例》，硕士学位论文，河南师范大学，2020 年。

杨世伟：《脱贫攻坚与乡村振兴有机衔接：重要意义、内在逻辑与实现路径》，《未来与发展》2019 年第 12 期。

杨旭：《开发"乡村旅游"势在必行》，《旅游学刊》1992 年第 2 期。

尹泽生、李亮：《我国旅游资源普查的基本任务和基本方法》，《旅游学刊》1992 年第 3 期。

尹振华：《开发我国乡村旅游的新思路》，《旅游学刊》2004 年第 5 期。

游洁敏：《"美丽乡村"建设下的浙江省乡村旅游资源开发研究》，硕士学位论文，浙江农林大学，2013 年。

于法稳等：《乡村旅游高质量发展：内涵特征、关键问题及对策建议》，《中国农村经济》2020 年第 8 期。

余少祥：《后脱贫时代贫困治理的长效机制建设》，《江淮论坛》2020 年第 4 期。

张碧星、周晓丽：《乡村振兴战略下的乡村旅游产业选择与成长》，《农业经济》2019 年第 6 期。

张广海、张红：《山东省乡村旅游发展驱动力与空间格局分析》，《山东工商学院学报》2020 年第 3 期。

张海燕、王忠云：《旅游产业与文化产业融合发展研究》，《资源开发与市场》2010 年第 4 期。

张环宙等：《外国乡村旅游发展经验及对中国的借鉴》，《人文地理》2007 年第 4 期。

张金瑞：《我国中部地区新型城镇化发展水平及影响因素分析》，云南师范大学，2021 年。

张凌：《西部地区城镇化发展动力机制研究》，硕士学位论文，云南财经大学，2018 年。

张敏：《绵阳游仙丘区乡村旅游资源评价与开发研究》，硕士学位论文，成都理工大学，2009 年。

张涛、王春蕊：《中国扶贫开发成效、创新与展望》，《河北学刊》2020 年第 3 期。

张艳、张勇：《乡村文化与乡村旅游开发》，《经济地理》2007 年第 3 期。

张祎蓉：《重点生态功能区生态旅游评价体系构建及案例研究》，湖南农业大学，2016 年。

章江琴：《浙江省上虞市乡村生态旅游资源评价与开发》，硕士学位论文，吉林农业大学，2014 年。

赵承华：《乡村旅游可持续发展问题分析及路径选择》，《农业经济》2018 年第 4 期。

赵翠萍、冯春久：《头雁领航　百业兴旺——河南以"头雁"培育推动乡村产业发展》，《农村·农业·农民》（B 版）2023 年第 16 期。

赵永平、徐盈之：《新型城镇化发展水平综合测度与驱动机制研究——基于我国省际 2000—2011 年的经验分析》，《中国地质大学学报》（社会科学版）2014 年第 1 期。

赵玉宗、张玉香：《城郊旅游开发研究》，《内蒙古师范大学学报》（哲学社会科学版）2005 年第 2 期。

周进步：《国内旅游与旅游环境衰退》，《旅游学刊》1992 年第 4 期。

周玲强、黄祖辉：《我国乡村旅游可持续发展问题与对策研究》，《经济地理》2004 年第 4 期。

周玲强：《中国旅游发展笔谈——乡村旅游助推乡村振兴》，《旅游学刊》2018 年第 7 期。

周歆红：《关注旅游扶贫的核心问题》，《旅游学刊》2002 年第 1 期。

周作明：《走向广阔的乡村——广西旅游资源开发系列研究·乡村篇》，《广西民族大学学报》（哲学社会科学版）1999 年第 S1 期。

朱竑：《从五种矛盾论旅游资源分类、调查与评价的国际视野和发展眼光》，《旅游学刊》2005 年第 6 期。

庄天慧等：《精准脱贫与乡村振兴的内在逻辑及有机衔接路径研究》，《西南民族大学学报》（人文社科版）2018 年第 12 期。

庄天慧：《21 世纪初四川农村贫困问题研究》，硕士学位论文，四川农业大学，2004 年。

邹统钎：《中国乡村旅游发展模式研究——成都农家乐与北京民俗村的比较与对策分析》，《旅游学刊》2005 年第 3 期。

外文文献

Akyeampong O. A. , "Pro - poor Tourism: Residents' Expectations, Experiences and Perceptions in the Kakum National Park Area of Ghana", *Journal of Sustainable Tourism*, Vol. 19, No. 2, 2011.

Aref F. , Gill S. S. , "Rural Tourism Development through Rural Cooperatives", *Nature and Science*, Vol. 7, No. 10, 2009.

Bramwell B. , "Rural Tourism and Sustainable Rural Tourism", *Journal of Sustainable Tourism*, Vol. 2, No. 1-2, 1994.

Cawley M. , Gillmor D. A. , "Integrated Rural Tourism: Concepts and Practice", *Annals of Tourism Research*, Vol. 35, No. 2, 2008.

Chok S. , et al. , "Tourism as a Tool for Poverty Alleviation: A Critical Analysis of 'Pro-poor Tourism' and Implications for Sustainability", *Current issues in Tourism*, Vol. 10, No. 2-3, 2007.

Dimitrovski D. D. , et al. , "Rural Tourism and Regional Development: Case Study of Development of Rural Tourism in the Region of Gruţa,

Serbia", *Procedia Environmental Sciences*, Vol. 14, 2012.

Dissart J. C., Marcouiller D. W., "Rural Tourism Production and the Experience-scape", *Tourism Analysis*, Vol. 17, No. 6, 2012.

Dorobantu M. R., Nistoreanu P., "Rural Tourism and Ecotourism-The Main Priorities in Sustainable Development Orientations of Rural Local Communities in Romania", *Economy Transdisciplinarity Cognition*, Vol. XV, No. 1, 2012.

Frederick M., "Rural Tourism and Economic Development", *Economic Development Quarterly*, Vol. 7, No. 2, 1993.

Gartner W. C., "Rural Tourism Development in the USA", *International Journal of Tourism Research*, Vol. 6, No. 3, 2004.

Gascón J., "Pro-poor Tourism as a Strategy to Fight Rural Poverty: A Critique", *Journal of Agrarian Change*, Vol. 15, No. 4, 2015.

Giannakis E., "The Role of Rural Tourism on the Development of Rural Areas: The Case of Cyprus", *Romanian Journal of Regional Science*, Vol. 8, No. 1, 2014.

Harrison D., "Pro-poor Tourism: A Critique", *Third World Quarterly*, Vol. 29, No. 5, 2008.

Ibănescu B. C., et al., "The Impact of Tourism on Sustainable Development of Rural Areas: Evidence from Romania", *Sustainability*, Vol. 10, No. 10, 2018.

Kumar S., Valeri M., "Understanding the Relationship among Factors Influencing Rural Tourism: A Hierarchical Approach", *Journal of Organizational Change Management*, Vol. 35, No. 2, 2022.

Lane B., Kastenholz E., "Rural Tourism: The Evolution of Practice and Research Approaches-towards a New Generation Concept?", *Journal of Sustainable Tourism*, Vol. 23, No. 8-9, 2015.

Lane B., "What is Rural Tourism?", *Journal of sustainable tourism*, Vol. 2, No. 1-2, 1994.

López-Sanz J. M., et al., "Rural Tourism and the Sustainable Development Goals. A Study of the Variables That Most Influence the Behavior of the Tourist", *Frontiers in Psychology*, Vol. 12, 2021.

Manwa H., Manwa F., "Poverty Alleviation through Pro - poor Tourism: The Role of Botswana Forest Reserves", *Sustainability*, Vol. 6, No. 9, 2014.

McAreavey R., McDonagh J., "Sustainable Rural Tourism: Lessons for Rural Development", *Sociologia ruralis*, Vol. 51, No. 2, 2011.

Nair V., et al., "Redefining Rural Tourism in Malaysia: A Conceptual Perspective", *Asia Pacific Journal of Tourism Research*, Vol. 20, No. 3, 2015.

Pakurár M., Oláh J., "Definition of Rural Tourism and its Characteristics in the Northern Great Plain Region", *System*, Vol. 7, No. 3, 2008.

Perales R. M. Y., "Rural Tourism in Spain", *Annals of tourism Research*, Vol. 29, No. 4, 2002.

Rogerson C. M., "Pro-poor Local Economic Development in South Africa: The Role of Pro-poor Tourism", *Local environment*, Vol. 11, No. 1, 2006.

Rosalina P. D., "Rural Tourism: A Systematic Literature Review on Definitions and Challenges", *Journal of Hospitality and Tourism Management*, Vol. 47, 2021.

Ruiz-Real J. L., et al., "Rural Tourism and Development: Evolution in Scientific Literature and Trends", *Journal of Hospitality and Tourism Research*, Vol. 46, No. 7, 2022.

Sharpley R., Roberts L., "Rural Tourism—10 Years on", *International Journal of Tourism Research*, Vol. 6, No. 3, 2004.

Silva L., Leal J., "Rural Tourism and National Identity Building in Contemporary Europe: Evidence from Portugal", *Journal of Rural Studies*, Vol. 38, 2015.

Slee B., "The Economic Impact of Alternative Types of Rural Tourism", *Journal of agricultural economics*, Vol. 48, No. 1-3, 1997.

Trukhachev A., "Methodology for Evaluating the Rural Tourism Potentials: A Tool to Ensure Sustainable Development of Rural Settlements",

Sustainability, Vol. 7, No. 3, 2015.

Wang L. , et al. , "Rural Tourism Development in China: Principles, Models and the Future", *Journal of Mountain Science*, Vol. 10, 2013.

Wijijayanti T. , et al. , "Rural Tourism: A Local Economic Development", *Australasian Accounting*, *Business and Finance Journal*, Vol. 14, No. 1, 2020.

Wilson S. , "Factors for Success in Rural Tourism Development", *Journal of Travel research*, Vol. 40, No. 2, 2001.